住まいの アレルギー対策

室内環境からの
アプローチ

日本臨床環境医学会環境アレルギー分科会 編

技報堂出版

はじめに

アレルギー疾患の症状が出ている人の割合は，世界的に増加の一途を辿り，その傾向は，とくに子どもにおいて顕著となっています。その背景として，例えば花粉，カビ，ダニ，微小粒子状物質などの環境中のアレルゲンが増加していることや，無菌室環境で育つことにより免疫応答が過剰に活性化すること（衛生仮説）も指摘されています。そのため，室内環境におけるアレルギー対策には，公衆衛生や建築関係など，研究分野を跨いだ知識が必要となります。

そこで，日本臨床環境医学会では，2018年に室内環境におけるアレルギー問題を整理し，アレルゲンの測定法や環境改善によるアレルギー防止対策を学際的に検討するため，環境アレルギー分科会（委員長：平久美子）を設置しました。

委員会では，公衆衛生や建築の専門家が，室内環境におけるアレルギー問題を整理し，アレルゲンの測定法や環境改善によるアレルギー防止対策を検討し，多くの議論を経て，最新の知見に基づいた報告書「環境アレルギー問題の現状と課題－各種アレルゲンに対応した原因と対策の横断的取り組み」を公表しました（この報告書は日本臨床環境医学会のHPからり閲覧可能です）。

本書は，この報告書を土台とし，室内環境アレルギー対策に役立てていただけるように，公衆衛生や建築関係の学生および実務者向けの教科書・参考書として加筆・編集したものです。関係される方には，ぜひご一読いただきたいと思います。

以下に，各章の見どころや特徴を示します。興味のあるところから読み始めていただいても，有益な知識が得られるものになっています。

「**第1章 アレルギー疾患と室内環境**」では，まず初めにアレルギー疾患についての現状が文献に基づいてまとめられている。「**1.1 アレルギー疾患とは**」では，症例の多いアレルギー性鼻炎，アレルギー性結膜炎，気管支喘息，アトピー性皮膚炎，職業性喘息などを取り上げ，原因物質，症状，診断法等が述べられ，アレ

ルギー疾患の概要を知ることができる。「**1.2 アレルギー疾患の疫学**」では，疫学調査のレビューを行い，児童の気管支喘息の有病率が1990年頃から急激に増加し，エアコンの普及率の増加と時期が一致していること，2010年以降に減少に転じているが，これはシックハウス対策による建築基準法の改正の後であることを指摘し，その関連を示唆している。アレルギー性鼻炎の有病率は1960年代後半から増加し，アレルゲンとして1990年前半ではヒョウヒダニ，後半ではスギ花粉が考えられることを示した。「**1.3 環境汚染とアレルギー疾患**」では，アレルギー疾患の急増原因としての環境要因について居住環境，食環境，衛生環境，水・大気・土壌環境を挙げ，環境汚染物質によってアレルギーの増悪がもたらされた機序について解説している。

次にアレルギー疾患の病態や免疫の仕組みなどについて，疫学の面からの基礎的な事項が解説されており，医療関係の読者には是非とも理解していただきたい大事な内容である。「**1.4 アレルギーの定義と病態**」では，アレルギー反応とは，「生体を防御するための免疫が変じて，環境中の物質（花粉，ダニ，カビ，食品，薬物など）を，抗原と認識して作用することにより生じた病的状態」であるとし，アレルゲン，アジュバント，4つのアレルギー反応について解説している。「**1.5 免疫の仕組み**」では，「免疫とは，感染性微生物（細菌や真菌，寄生虫など）またはウイルスが体内に侵入した時や，自己の細胞ががん細胞など有害な細胞に変化した時に，生体を防御するために排除するシステムである。」との書き出しで，免疫細胞の働き，免疫細胞の存在部位，免疫応答の機序，抗体の種類など，複雑な免疫の仕組みが論理的に解説されている。さらに粘膜や皮膚の細胞が壊れると自然免疫によりアレルギー反応がひきおこされるという最新の知見が紹介され，皮膚や粘膜を障害する因子を減らすことが，アレルゲンを減らすことと協働して，アレルギー疾患の予防と治療に役立つかもしれないという仮説が提示されている。

後半では，まず「**1.6 アレルギー疾患の発症因子**」で児童のアレルギー疾患が近年増加している原因として衛生仮説が取り上げられている。衛生仮説は，乳幼児期の汚染因子への曝露により，成長期にアレルギー疾患にかかりにくくなるという説である。その原因物質とされるエンドトキシン濃度の測定例が示されているが，曝露量と免疫調整能力との関係などは今後の課題としている。「**1.7 喘息と環境因子**」では，喘息の発症に関係する遺伝因子に関して，両親が喘息を有して

いるとその子どもは50％以上の確率で喘息を発症すること，環境因子としては，アレルゲンのみならず，喫煙や大気汚染も重要であること，増悪因子としては室内ダスト中のフタル酸エステル類が関係することを述べている。「**1.8 化学物質の健康影響**」では，まず1990年代からシックハウス症候群や化学物質過敏症など化学物質に起因する健康障害が顕在化し，「生活の質」を著しく低下させたことを述べたうえで，①ホルムアルデヒド，②揮発性有機化合物（VOCs），③環境たばこ煙，④微生物に由来する化学物質（MVOC），⑤皮膚ガスについて，原因，対策，今後の課題を要領よくまとめている。このなかで，香粧品（香料や化粧品）の健康影響については，その実態解明が必要であること，MVOCは，最近では浸水被害を受けた住宅でも発生し，シックハウス様症状の原因となっていること述べ，皮膚ガスについては，研究途上にあり発生メカニズムや実態の解明は今後の課題であるとしている。

「**1.9 アレルギーと化学物質過敏症**」では，アレルギーと間違えられる化学物質過敏症に関して簡単に解説されており，化学物質過敏症は多種多様な化学物質や環境条件からの微量な刺激で，非特異的な多臓器の症状を呈する疾患であると定義している。

1章の最後は，アレルギーの治療と予防についてである。「**1.10 アレルギー疾患の治療法**」では，室内塵ダニ，真菌アレルゲン，動物アレルゲンに伴う疾患の免疫学的な治療法について，解説されている。

「**2章 室内環境とアレルギー**」では，代表的な環境アレルゲンを取り上げ，その特徴，実態，対処法について最新の知見に基づいて解説されている。

「**2.1 カビとアレルギー**」では，まず真菌の一つであるカビの種類と特徴について述べ，成長する条件として湿度，温度，空気，養分の4つがあること，コウジカビ，アオカビ，クロカビ，ススカビ，アオカビ等の発生場所，発生条件等について解説している。また，人への健康影響，カビ増殖のメカニズムに触れ，アレルギー様症状があるグループでは，空中の相対湿度が60％以上になると相対湿度の上昇に比例して堆積真菌量が多くなるという興味深いデータを示した。最後に住環境のカビ汚染対策方法について触れている。

「**2.2 ダニとアレルギー**」では，まずダニ類は昆虫に匹敵する生物群で，種類は約5万種，未確認のものはその10倍以上になると推定されるとし，形態的に

はクモに近く昆虫とは区別されることを述べている。また，ダニアレルゲンの測定例が示され，チリダニは温暖で湿気の多い気候を好むことから，一般の家庭では梅雨ごろから夏にダニは増殖するため室内塵中のダニアレルゲン量が増加し，冬から春にかけて減少する。しかし，最近の高気密化，高断熱化された建物では，冬でも温度・湿度が一定のレベルに保たれやすくなっており，1年中ダニアレルゲンが多い環境になっていることを指摘している。最後にダニアレルゲン対策として，寝具はダニの温床であることから，寝具への対策が最も重要であり，布団や毛布の丸洗いはが最も効果のあることが述べている。

「**2.3 花粉とアレルギー**」では，まずスギ，ヒノキ，イネ科，ブタクサ，シラカバの花粉について，主要なアレルゲン，生化学的な特徴について解説し，例えば，スギ花粉症患者の場合，果物を食べると口腔アレルギー症候群が現れるが，これはスギアレルゲンの一つが関係しているのではないかと指摘している。また，洗濯物や寝具に付着するスギ花粉の測定例が示され，対策としては洗濯物を室内に干す，花粉の付着しにくい生地の洋服を着ることを挙げている。

「**2.4 ペットとアレルギー**」では，ネコとイヌのアレルゲンの特性について解説し，ネコアレルギーの患者では豚肉を食べた後にアレルギー症状をおこすことがあり，ブタ－ネコ症候群と称されることを述べている。また，これらのペットを飼っている家庭の床上のネコ，イヌアレルゲンの量は，ダニアレルギーのそれぞれ59倍，10倍も多いことを示し，対策としては，飼う場所を限定する，床をフローリングにする，寝室にペットを入れないことなどを提案している。

「**2.5 化学物質とアレルギー**」では，まずアレルギーを引き起こす感作性物質について整理して示している。ポリウレタン樹脂はその一つで，柔軟剤，消臭材，マットレス等，身の回りのさまざまなものに使われているが，その原料であるトルエンジイソシアネートに起因するIgE抗体の高い例が10歳から40歳の間で増えているという貴重な測定例を示している。また有害な化学物質から身を守るためには，化学物質を体内から排除して蓄積を減らし，環境や食事に注意を払い，引き金となった事態を回避し，障害された神経などの改善を図る必要があることを述べている。

「**3章 対策技術の現在と未来**」では，アレルギーの具体的な対策やその効果について解説しており，これから住宅を新築・改築する，あるいはアレルギーで悩

んでいる人にとって大変に参考となる内容である。まず、「**3.1 室内環境アレルゲン対策の基本**」では、アレルゲンに限らず、一般論として室内空気汚染物質の建築技術的除去対策には、汚染物質の室内侵入を許さない手段として、①汚染発生源を除去・隔離する方法と、②発生源の性質を変え、発生強度を抑制する方法の2つ、汚染物質が侵入したのち除去する手段として、③空気清浄機等により汚染物質を除去する方法と、④換気により室外へ排出する方法の2つの合計4つがあるとし、それぞれの方法についてアレルゲンを対象とした方策が解説されている。

「**3.2 室内環境アレルゲンの動態**」では、アレルゲンとなるカビ、ダニ、花粉などは空間中には長く浮遊しておらず床に沈降し、衣類などの繊維、ペットの毛、砂じんなどと一緒になってハウスダストとなることを述べ、床に堆積した状態から、歩行などの刺激によって舞い上がり、健康被害につながることが懸念されるが、再飛散は、床材、表面濃度、湿度、歩行速度などによって影響を受けることから現象は複雑であり、精度の高い予測法の開発が必要であるとしている。

「**3.3 住宅換気の必要性**」では、アレルギー対策のための換気の役割について述べた後、機械換気による方法、窓開け換気による方法について解説している。その中で、機械換気で室内の気圧が低下した際には床下、天井裏、壁など構造内部の空気が隙間を通して室内に入り込み、化学物質やカビ等の汚染物質などが侵入する可能性があるので、機械換気を運転した際に化学物質臭やカビ臭が気になるようなことがあれば、原因の特定と対策について、専門家に相談することが必要であると述べている。「**3.4 温湿度制御と結露の防止**」では、室内環境における湿気の移動現象や最適な湿度範囲に関する最新の知見について紹介し、結露を防止するための対策について述べている。「**3.5 全館空調住宅の性能**」では、アレルギー対策を目的として開発された空気清浄機能を持つ全館空調住宅の測定例であり、空気清浄機の通過後の場所における浮遊微粒子濃度がゼロであったことを述べている。また、同様の住宅33世帯を対象としてアレルギー症状との関連を調査したところ、浮遊微粒子濃度、浮遊真菌濃度、ダニアレルゲン量がいずれも転居前に比べて有意に低下したこと、居住者のアレルギー症状を示す活性化CD4＋T細胞比率も有意に低下し、改善されたことを報告している。実際の住宅での測定結果であり、貴重な事例であり参考にしてほしい。

後半は、個別の対策の効果についての解説である。「**3.6 空気清浄機の除去性**

能」では，まず空気清浄機の性能指標である相当換気量について述べ，化学物質，微粒子，カビを対象として市販の空気清浄機の除去性能を大型チャンバーを使った実験結果を示している。HEPA フィルターを使ったものは高い除去性能を有することを明らかにしている。

「**3.7 開放型燃料器具（暖房器具）からの汚染物質と必要換気量**」では，大型チャンバーを用いて，換気量を一定に制御した上で，反射式石油ストーブと石油ファンヒーターを使用した際の室内の汚染物質濃度の変化についての実験結果を紹介している。また、最後に暖房器具使用時の必要換気量について触れている。

「**3.8 エアコン内のカビ汚染とそのメンテナンス**」では，エアコン内でカビが生える理由を説明したうえで，メンテナンスの必要性について述べ，その方法について解説している。

「**3.9 寝具の対策**」では，まず小児のアレルギー患者 16 例を対象として，寝具類の対策の効果について実証的に調査している。対策としては A 群（4 組）：炭入りスノコマット＋新布団，B 群（4 組）：防ダニ布団カバー（高密度繊維），C 群（4 組）：布団の丸洗い（クリーニング），D 群（4 組）：寝具専用掃除機で週 1 回除塵，である。その結果，介入 1 年後の臨床症状は，改善または顕著に改善の症例が半数以上となったこと，とくに A 群においてダニ数が減少し，臨床症状の改善傾向が高い傾向が示されたことなど，貴重な結果を報告している。後半では，布団からのアレルゲンの除去法として，掃除機による吸引，布団たたき，機械による丸洗いを比較したところ，機械による丸洗いが最も効果のあることを示し，コインランドリーによる洗濯乾燥処理で，羽毛掛け布団，ポリエステル敷き布団から Der f 1 除去率，ダニ死滅率の高いことを実証している。

「**3.10 掃除機による床の花粉除去効果**」では，花粉粒子を想定したカーペットの堆積粉塵に対して掃除機の吸引による効果を検証しており，10 回吸引しても 2 割程度は残留すると推測され，残留した粉塵の除去には洗浄等が必要であると結論付けている。

「**3.11 市販のマスクろ材の花粉捕集効果**」では，標準化されたマスクの試験規格に基づいて，4 種類のマスクの捕集効果を測定した。その結果，不織布で 3 層構造のマスクは，布やウレタン（1 層構造）のマスクよりも，明らかに捕集率が高く，99 ％となっていることを示している。

「3.12 ダニ対策のための環境整理チェックリスト」では，成人アトピー型喘息の改善を目的として32項目からなる環境整備を実施したところ，寝具ダニアレルゲン量が減少するだけでなく，喘息症状が改善したことを確認しており，その項目をチェックリストとして示している。また，チェックリストを基にして環境整備のためのわかりやすいカビ・ダニ予防のためのパンフレットを作成している。

「4章 東日本大震災とダンプネス」では，東日本大震災後に建設された応急仮設住宅や津波被害住宅等において，アレルギー疾患などの健康被害が発生したことから，室内環境，とくにダンプネスと健康被害の関係等についての調査研究が実施されており，その結果を紹介している。近年，洪水被害が多発しており，被災後の健康被害を防止する上で，あるいは応急仮設住宅の建設を進める上で示唆に富む内容である。

「4.2 応急仮設住宅の真菌と温熱環境」では，福島県の応急仮設住宅34件を対象として浮遊真菌の調査を行っており，日本建築学会基準を超えている割合が大きいことを示している。また，別の応急仮設住宅19件の調査からは冬期において多くの住宅で結露が観測されており，断熱の重要性を訴えている。

「4.3 応急仮設住宅の室内環境と高齢者のダニアレルゲン感作」では，石巻の応急仮設住宅に在住歴のある15歳以上の住民を対象に2014年から6年間にわたり喘息の有病率を調べており，その結果，入居期間が長いほど有病率が高くなり，転出後の期間が長いほど有病率が低くなることを示している。このことから仮設住宅における環境整備必要性を訴えている。

「4.4 住環境の変化と小児アレルギー疾患」では，石巻市の小学校35校の2年生1 109名を対象としてアレルギー疾患の有病率を調査しており，環境整備の指導を行って防ダニシーツを使用した群では，指導を受けていない群に比べて寝具のダニアレルゲン量が減少したことを明らかにしている。

「4.5 津波被害住宅の室内環境の変化」は，津波によって浸水被害を受けた石巻の住宅170件を対象とした室内の湿気環境の調査である。被災後の1年間を過ぎてもカビの問題が解決されていないことを示しており，浸水後には早急に床下や室内を乾燥させることが重要であると指摘している。

「4.6 帰宅困難地域の住宅の微生物汚染」では，長期にわたり居住者のいなかった住宅24軒における室内のダニ・真菌などについて測定を実施してい

る。その結果ダニは，粒径が 63〜180 μm の粒子で最も多く検出され，真菌は一般住宅より一桁高い濃度であったことを示している。

　以上，本書は，住生活における環境とアレルギーについて，基礎的な事項からアレルギー疾患の対策技術まで，その道の専門家が最先端の研究成果を基にして解説したものです。関係者の皆様には，これらの知見をアレルギー疾患の予防や緩和に少しでも役に立てていただけばありがたいと切に希望しております。

執筆者一覧

東　　賢一　関西福祉科学大学 健康福祉学部（1.7, 2.5（1））

池田　耕一　日本建築衛生管理教育センター 評議委員会議長（3.1）

鍵　　直樹　東京工業大学 環境・社会理工学院建築学系（3.2）

角田　和彦　かくたこども&アレルギークリニック（2.5（2）（3））

金　　　勲　国立保健医療科学院 生活環境研究部（1.6）

阪口　雅弘　ITEA 東京環境アレルギー研究所（2.2（2）（3）, 2.3（1）, 2.4, 3.9（2））

篠原　直秀　産業技術総合研究所 安全科学研究部門（4.2, 4.6）

白井　秀治　東京アレルギー・呼吸器疾患研究所（2.2（2）（3）, 2.3（1）, 2.4, 3.9（2））

関根　嘉香　東海大学 理学部（1.8）

平　久美子　東京女子医科大学附属足立医療センター 麻酔科（1.1, 1.2, 1.4, 1.5, おわりに）

高岡　正敏　ペストマネジメントラボ（2.2（1）, 3.9（1））

高鳥　浩介　カビ相談センター（2.1（1））

高野　裕久　京都先端科学大学 国際学術研究院（1.3）

釣木澤尚実　国立病院機構横浜医療センター 呼吸器内科（3.12, 4.3, 4.4）

野﨑　淳夫　東北文化学園大学大学院 健康社会システム研究科（3.6, 3.7, 3.11）

長谷川兼一　秋田県立大学 システム科学技術学部（3.4, 4.1, 4.5）

林　　基哉　北海道大学大学院 工学研究院（3.3）

三田村輝章　前橋工科大学 工学部（3.4, 3.5）

柳　　　宇　工学院大学 建築学部（2.1（2）, 3.8）

山野　裕美　ITEA 東京環境アレルギー研究所（2.3（2）, 3.10）

吉野　　博　東北大学 名誉教授（はじめに）

渡井健太郎　国立病院機構相模原病院臨床研究センター（1.9, 1.10）

（2023年4月現在，五十音順，（　）内は執筆担当）

目　　次

1️⃣ アレルギー疾患と室内環境　　　1

2　室内環境とアレルギー
——環境アレルゲンの特徴と室内での実態　　51

3 対策技術の現在と未来
——増やさない工夫と減らす工夫
109

4 東日本大震災とダンプネス　　191

アレルギー疾患と室内環境

1.1　アレルギー疾患とは

　室内環境に関連して生じるアレルギー疾患には，気管支喘息，アレルギー性鼻炎，アレルギー性結膜炎，アトピー性皮膚炎，アレルギー性気管支肺真菌症，過敏性肺炎などがある。その他のアレルギー疾患，例えば食物アレルギー，一部の接触皮膚炎，一部の蕁麻疹，アナフィラキシーも室内環境と関連して生じることがある。特殊なものとして，職業性アレルギー疾患（職業性喘息，職業性アレルギー性鼻炎，職業性接触皮膚炎，職業性接触蕁麻疹）があり，職場由来の物質の曝露により発症したアレルギー疾患と定義され，もともとあったアレルギー疾患が職場で悪化した作業関連疾患とは区別する。

　各疾患の定義および診断の原則については，アレルギー総合ガイドライン2022（協和企画）[1] において各科専門医によりなされている。その概略を一般向けに解説する。

① アレルギー性鼻炎

　鼻粘膜のⅠ型アレルギー疾患である（1.4 参照）。

　アレルゲンとして一般的なのは，室内塵（ハウスダスト），チリダニ，スギ，ハンノキ，カモガヤ，ヨモギ，ブタクサ花粉，イヌ皮屑，ネコ皮屑，カビ，ゴキブリ，ユスリカ，ガである。原因となるアレルゲンには時代による変化がみられる（1.2 参照）。

　主な症状は急激におきて繰り返すくしゃみ，（水様性）鼻漏，鼻閉である。

　症状の持続期間により通年性と季節性に分けられる。アレルゲンがハウスダスト，ダニの場合は通年性，花粉の場合は季節性であることが多いが，複数種の花粉がアレルゲンで結果として通年性であることもある。季節性の多くはアレルギー性結膜炎を高頻度に合併し，花粉症または枯草熱とよばれる。

　診断は，アトピー素因の存在，血清特異的 IgE 抗体レベル上昇，局所マスト

細胞, 局所と血液の好酸球の増加, 粘膜の非特異的過敏性亢進などによる。

症状自体は, 感染性;非アレルギー性鼻過敏症 (血管運動性, 好酸球増多性);鼻漏が主体の味覚性, 冷気吸入性;老人性;うっ血を主体とする薬物性, 心因性, 妊娠性, 内分泌性, 寒冷性;乾燥性;刺激による物理性, 化学性, 放射線性;萎縮性;特異性肉芽腫性によっても生じるため, 診断には詳細な問診と診察を要する。

❷ アレルギー性結膜炎

Ⅰ型アレルギー反応を主体とした結膜の炎症性疾患である (1.4 参照)。

アレルゲンとして一般的なのは花粉 (ハンノキ, スギ, ヒノキ, ハルガヤ, カモガヤ, ブタクサ, ヨモギ), ハウスダスト, チリダニ, 真菌 (カンジダ, アルタナリア), 動物上皮 (イヌ上皮, ネコ上皮) である。

主な症状は, 抗原によって惹起される目の痒み, 異物感, 眼脂, 流涙, 眼痛, 羞明で, 季節性または通年性である。

診断は, 症状や局所所見 (結膜の充血, 腫脹, 濾胞, 乳頭), 涙液または血清の抗原特異的 IgE 抗体レベル上昇による。類縁疾患として, アトピー性角結膜炎 (顔面にアトピー性皮膚炎を伴う患者に起こる), 春季カタル (結膜に増殖性変化が見られる), 巨大乳頭結膜炎 (コンタクトレンズなどの機械的刺激による) がある。

症状自体は, 他の類似の病態を示す疾患 (感染性結膜炎 (ウイルス, 細菌, クラミジア);結膜濾胞症;ドライアイ (しばしばアレルギー性結膜疾患に合併する) など) によることもあるので, 診断確定には詳細な問診と診察を要する。

❸ 気管支喘息

気道の慢性炎症を本態とし, 変動性を持った気道狭窄による喘鳴, 呼吸困難, 胸苦しさや咳などの臨床症状で特徴付けられる疾患である (2.5 (1), 1.3 参照)。発作性の気道狭窄による喘鳴や咳嗽, 呼気延長, 呼吸困難を繰り返す。症状は自然ないしは治療により軽快, 消失するが, ごく稀に致死的となる (1.2 参照)。

気道狭窄は, 通常, 気管支平滑筋の攣縮, 気道粘膜浮腫, 気道分泌亢進などに

より，可逆的だが，気道の線維化，平滑筋肥厚など不可逆的な構造変化も関与することがある。

　病型は環境アレルゲン特異的 IgE 抗体が検出されるアトピー型と検出されない非アトピー型に分けられる。両者で気道の炎症像や気道過敏性の程度に差はない。アトピー型は，チリダニ特異的 IgE 抗体が存在する頻度が高い。

　小児では，乳幼児期に発症し，男児に多く，思春期にかけて改善傾向を認め，アトピー型が多い。アレルギー感作が重症化因子となる。成人では女性に多い。

　診断は，主に自覚症状（発作性の呼吸困難，喘鳴，胸苦しさ，咳の反復）と臨床所見（可逆性の気流制限，気道過敏性の亢進），気道炎症の存在（喀痰細胞診，呼気中一酸化窒素濃度），アトピー素因などによりなされるが，よく似た症状を示す他の疾患は多数あり，診断確定には詳細な問診と診察が必須である。

アトピー性皮膚炎

　慢性の増悪と軽快を繰り返す，かゆみのある湿疹を主病変とする疾患である。湿疹は左右対称性，年齢により好発部位が異なる。患者の多くはアトピー素因（1.4（4）参照）を持つ。湿疹とは，紅斑，丘疹，小水疱から苔癬化に至る可変性を有する皮疹から成り立つ皮膚疾患の総称で，自覚症状として痒みやひりひり感を伴う。

　重篤な合併症として眼症状（白内障，網膜剥離など），伝染性軟属腫，伝染性膿痂疹，カポジ水痘様発疹などがある。

　発症背景として，皮膚バリア機能の脆弱性による皮膚を含む臓器の過敏，脂肪を多く含む食事による皮脂の異常に引き続くマラセチア感染などが指摘されている。発症増悪因子として，職場や日常生活環境の抗原や刺激物への曝露，生活習慣，温度，湿度，温熱，発汗，ウール線維，精神的ストレス，食物，飲酒，感冒などがある。

　診断は，皮膚所見，アトピー素因，毛孔一致性丘疹による鳥肌様皮膚により，軽症では血清 IgE は低値のことが多い。

　よく似た症状を示す疾患が多数あるため，確定診断には詳細な問診と診察が必須である。

⑤ 接触皮膚炎

外来性の刺激物質や接触アレルゲンまたはハプテンが皮膚に接触して生じた湿疹性の炎症反応で，機序により，刺激性，アレルギー性，光接触（光毒性，光アレルギー性），全身性（歯科金属，食物，衣類，外用薬，坐薬，膣剤などによる）に分けられ，接触蕁麻疹も含まれる。診断には，パッチテストが用いられる。

蕁麻疹とは，膨疹，すなわち紅斑を伴う一過性，限局性の浮腫が病的に出没する疾患で多くは痒みを伴う。外来抗原，物理的刺激，発汗刺激，食物，薬剤，運動などが誘因となる。

⑥ アレルギー性気管支肺真菌症

アレルギー性気管支肺真菌症は，気道に真菌が定着し，Ⅰ型・Ⅲ型の真菌アレルギーが成立し，真菌が関与する気道病変（粘液栓や中枢性気管支拡張など）を認める疾患である。これらを証明することで，診断となる。具体的には，アスペルギルスによる真菌症に対して，Rosenberg-Patterson の診断基準（1977 年）や International Society of Human and Animal Mycology（ISHAM）の診断基準（2013 年）が国際的にも用いられてきたが，本邦のアレルギー性気管支肺真菌症調査研究班により，アスペルギルス単独ではなく真菌症として，新しいアレルギー性気管支肺「真菌症」の診断基準が作成され（『アレルギー性気管支肺真菌症の診療の手引き』2019 年 [2] 参照），呼吸機能検査（喘息の証明），血液検査（好酸球，IgE の関与），胸部 CT 画像検査（粘液栓や中枢性気管支拡張の確認），気管支鏡検査（好酸球性炎症，腐生真菌の証明）により診断する。

⑦ 過敏性肺炎

なんらかの感受性を有するひとに，吸入抗原などの環境要因により免疫反応が引き起こされ，肺の炎症性変化・線維化性変化が生じる疾患であり，抗原関与の証明と肺の炎症を確認することで診断する。具体的には，血液検査（KL-6，SP-D など），曝露評価（沈降抗体や血清 IgG の測定，環境調査，吸入・環境誘

発試験），気管支鏡検査（気管支肺胞洗浄，肺生検），胸部 CT 画像検査などで行う（『過敏性肺炎診療指針 2022』日本呼吸器学会編 [3] 参照）。

⑧ 職業性喘息

成人喘息の約 15 ％を占めるとされる。既存の喘息が増悪する作業増悪性喘息と区別される。アレルゲンあるいはハプテンとなる物質（1.4 参照）は，植物性（穀物粉塵，木材粉塵，その他の粉塵，花粉，胞子，真菌），動物性（節足動物，昆虫，魚介類，甲殻類，哺乳類など），薬剤粉塵，食品，化学物質，金属などである。

職業性喘息は，感作物質誘発性（作業中に曝露するアレルゲンに感作され免疫アレルギー機序により発症する）と刺激物質誘発性（塩素や受動喫煙などの刺激物質により誘発される）に分類される。後者は刺激物質曝露後 24 時間以内に起きる急性発症型と，それ以外（ほぼ確実，可能性がある）の 3 タイプに分類される。いずれもできるだけ早く診断することが重要である。

治療には，感作物質誘発性喘息は完全なアレルゲン回避が原則で，症状および呼吸機能の改善には数年を要することがある。刺激物質誘発性喘息は環境整備によるアレルゲンおよび刺激物質の低減が原則である。

⑨ 職業性アレルギー性接触皮膚炎

原因物質として，金属（ニッケル，コバルト，クロム），樹脂（レジン，エポキシ，アクリル），ゴム（MBD，TMTD），農薬（除草剤，抗菌薬），切削油，植物などが報告されている。IgE は作られないが IgG，IgM により曝露後約 1 日以上経過してから発症する（1.4 参照）。

⑩ 職業性接触蕁麻疹

原因物質として，アレルギー性では，食物，植物，動物，小麦，穀類，天然ゴム（ラテックス），抗菌薬，染毛剤，抗体が発症に関与しない非アレルギー性で

は，香料，保存料などが多い。ゴム手袋使用により生じたラテックスアレルギーにより，果物や野菜を摂取した際に口唇や口腔内の浮腫（口唇アレルギー症候群，OAS）やアナフィラキシーが生じることがあり，ラテックス - フルーツ症候群と呼ぶ。ゴムの木のラテックスと類似の構造をもつ果実のタンパク質にラテックス特異性 IgE が反応する（交差抗原性，1.5 参照）ことにより発症する。

◎引用文献

(1) 日本アレルギー学会作成：アレルギー総合ガイドライン 2022，協和企画
(2) 日本アレルギー学会／日本呼吸器学会監修，「アレルギー性気管支肺真菌症」研究班：アレルギー性気管支肺真菌症の診療の手引き 2019 年編，医学書院
(3) 日本呼吸器学会過敏性肺炎診療指針 2022 作成委員会編：過敏性肺炎診療指針，日本呼吸器学会

1.2　アレルギー疾患の疫学

1　気管支喘息

　喘息による死亡は 1950 年以降一貫して減少し，人口 10 万対死亡率は，1950 年 19.5 ％が，1980 年 5.5 ％，2019 年 1.2 ％になった（調査 1：**表 -1.2.2**）。

　しかし，推計患者数は 1980 年の 10.7 万人が，1983 年頃より増加しはじめ 1993 年に 17.5 万人のピークを迎え，2003 年にシックハウス対策を強化した建築基準法の改正のあと，2007 年頃より徐々に減少，2020 年に 9.2 万人となった（調査 2：**表 -1.2.2**）。入院患者数は 1980 年の 1.4 万人が，2020 年には 1 900 人に減少した。

　幼稚園，小中高等学校の有病率は，1980 年の 0.7 ％，0.4 ％，0.4 ％，0.2 ％から徐々に増加し，1993 年頃より上昇が加速し 2010〜2013 年頃にピーク（2.8 ％，4.3 ％，3.2 ％，2.1 ％）を迎えたあと減少に転じ，2020 年に 1.6 ％，3.3 ％，2.6 ％，1.8 ％となった（調査 6：**表 -1.2.2**）。児童生徒の少なくとも 5 ％がコントロール不良で適切な医療を受けていないと推定されている（調査 8：**表 -1.2.2**）。

　すなわち，1980 年と比べ，2020 年の喘息外来患者数はほぼ同数で，入院患者数は 10 分の 1，喘息死亡は 5 分の 1 となったものの，5〜19 歳の人口が 2 700 万人から 1 600 万人に減るなか児童生徒の有病率は 2 から 9 倍になり，十分に治療されているとはいえない。

　この間，内閣府の消費動向調査によれば，エアコンの普及率は 1980 年の 40 ％から 2000 年の 85 ％，2010 年には 90 ％に達した。

　また $PM_{2.5}$ の環境基準達成率は，一般局，自排局ともに 2010 年頃には 10〜30 ％であったが，2016 年頃から 90 ％に改善し，2020 年にはほぼ 100 ％となった。

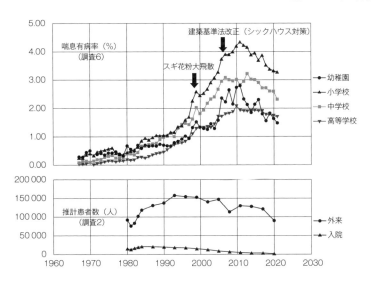

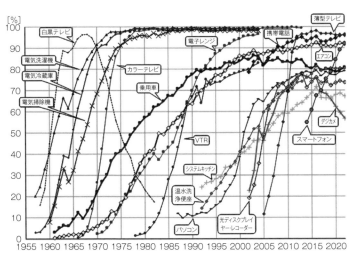

注）二人以上の世帯が対象。1963年までは人工5万以上の年世帯のみ。1957年は9月調査，78年以降は3月調査。05年より調査品目変更。多くの品目の15年の低下は調査票変更の影響もある。デジカメは05年よりカメラ付き携帯を含まず。薄型テレビはカラーテレビの一部。光ディスクプレーヤー・レコーダーはDVD用，ブルーレイ用を含む。カラーテレビは2014年からブラウン管テレビは対象外となり薄型テレビに一本化。

［資料］　内閣府「消費動向調査」

図-1.2.1　児童生徒の喘息有病率（上段），国民全体の喘息の推計患者数（中段），耐久消費財世帯普及率（下段）の年次変化

アレルギー性鼻炎

　わが国では，1960年代頃から鼻副鼻腔炎の有病率が低下，軽症化し，1960年代後半からアレルギー性鼻炎の有病率が増加し，1998年30％，2008年39％，2019年49％となった（調査4：**表-1.2.2**）。この傾向は質問紙を用いた調査でも確認され，2005年には小学生15％，中学生20％，2015年にはそれぞれ20％，26％だった（調査7：**表-1.2.2**）。

　原因アレルゲンは，1992年時点では，コナヒョウヒダニとヤケヒョウヒダニ（1.5参照）のIgE抗体陽性率は33％，スギ花粉は14％だった（調査3：**表-1.2.2**）が，1995年のスギ花粉の大飛散以降，スギ花粉症の増加が報告されるようになり，スギ花粉症の有病率が1998年16％，2008年27％，2019年39％と著しく増えた。この間，通年性アレルギー性鼻炎も19％，23％，25％と増加した（調査4：**表-1.2.2**）。

　年齢層別では，2019年の時点で，0〜4歳では通年性アレルギー性鼻炎の方が多く，5歳以上ではスギ花粉症が最も高率だった（調査4：**表-1.2.2**）。有病率は10歳代で最も高く，通年性アレルギー性鼻炎39％，スギ花粉症50％，発症後の自然寛解は少ないが，60歳代になると減少し19％，37％，70歳代では11％，21％だった（調査4：**表-1.2.2**）。

　地域差を**表-1.2.1**に示す。スギ花粉症には地域差があり2001年に東海と沖縄

表-1.2.1　地域別アレルギー有病率

	全体	通年性アレルギー鼻炎			スギ花粉症	
調査	4	4	4	4	5	4
調査年	2019	1998	2008	2019	2001	2019
上位3地域	山梨県　69%	鹿児島県 31%	鳥取県　33%	佐賀県　40%	東海　29%	山梨県　65%
	栃木県　63%	山形県　27%	北海道　32%	福井県　35%	南関東　24%	栃木県　57%
	埼玉県　60%	福井県　25%	山形県　32%	北海道　32%	北関東　21%	京都府　49%
下位3地域	鹿児島県 36%	鳥取県　13%	静岡県　14%	静岡県　16%	九州　13%	鹿児島県 18%
	石川県　35%	福島県　11%	長野県　13%	群馬県　16%	北海道　5%	沖縄県　9%
	沖縄県　31%	岩手県　8%	群馬県　12%	岩手県　12%	沖縄　3%	北海道　6%

で約 10 倍（調査 5：**表 -1.2.2**），2019 年に山梨県と北海道でも約 10 倍の差があった（調査 4：**表 -1.2.2**）。通年性アレルギー性鼻炎にも地域差があり，2019 年に佐賀県と岩手県で 3.3 倍の差がある（調査 4：**表 -1.2.2**）。スギ花粉症と通年性アレルギー性鼻炎の関連はみられず，スギの飛散が多い山梨県でそれぞれ 65 %，24 % だったのに対し，スギの飛散が少ない北海道で 6 %，32 %，沖縄県で 6 %，25 % だった（調査 4：**表 -1.2.2**）。通年性アレルギー性鼻炎の主な原因がコナヒョウヒダニである（1.4 参照）ことから，室内の温度と湿度の地域差が通年性アレルギー性鼻炎の有病率に反映されている可能性がある。通年性アレルギー性鼻炎がないと，ある場合と比べ気管支喘息有病率が低い（小学生 8 %，21 %，中学生 4 %，14 %，高校生 4 %，12 %）（調査 7：**表 -1.2.2**）。室内環境の改善により室内アレルゲンが減ると，児童生徒の喘息有病率の低下に寄与するかもしれない。

③ 疫学 Epidemiology とは

「明確に規定された人間集団の中で出現する健康関連のいろいろな事象の頻度と分布およびそれらに影響を与える要因を明らかにし，健康関連の諸問題に対する有効な対策樹立に役立てるための科学」と定義されている（日本疫学会 HP）。頻度を記述する際，ある一時点で，かかっている状態（有病または有症：prevalence）と，特定された期間中に新しくかかること（罹患：incidence）が区別される。有病に関する指標は，その集団でどれくらい大きな健康問題であることかを表し，罹患に関する指標は，発症増悪に関連する因子を探索する研究で用いられる。

④ アレルギー疾患の頻度の調査法

調査の枠組みは，法令に基づくものと，その他（大学，関連学会など）があり，主なものを**表 -1.2.2** に示す。

対象者がアレルギー疾患にかかっているかどうかの判定は，大別して医師の診断または検査所見によるもの（有病）と，質問紙を用いた本人または保護者の申告によるもの（有症）がある。

日本の公的調査でよく用いられる質問紙は ISAAC（international study of

表-1.2.2　日本のアレルギー疾患に関する全国的な疫学調査

調査	名称 (実施主体)	対象疾患	調査法
1	人口動態調査 (厚生労働省)	喘息(死亡数)	死亡診断書の死因を集計する。
2	患者調査 (厚生労働省)	喘息(推定患者数)	3年に1回行われ,調査の年の10月中旬の3日間のうち医療施設ごとに定める1日の入院患者と外来患者,9月1日~30日までの1か月間の退院患者を報告する。全数調査ではなく,層化無作為抽出により患者数を推計する。
3	MAST法による特異IgE抗体陽性者の地域差(荻野ら[1])	血清中のアレルゲン35種類の陽性率	1992年に,赤十字社,血液センターで集められた札幌市,東京都,奈良市,和歌山市,大阪市,神戸市,大分市を現住所とする20歳代の血清のうち,貧血や肝機能障害などを有していない事が確認された中から無作為に抽出された各都市100検体ずつについて,MAST法により特異IgE抗体の陽性率を調べた。
4	鼻アレルギーの全国疫学調査(日本耳鼻咽喉科学会)	スギ花粉症,スギ以外の花粉症,通年型アレルギー性鼻炎,鼻以外のアレルギー疾患	1998年,2008年,2019年に実施。全国の耳鼻咽喉科医師約1万人ならびにその家族(配偶者,両親,子ども)を対象とし,6月にアンケート用紙を発送,左記病態の有無を記入し,8月末に回収した。回収率はそれぞれ43%,38%,43%で各回約2万人(男女1万人ずつ)の回答を得た。
5	スギ花粉症の全国調査(奥田ら[2])	スギ花粉症	2001年に実施。日本全人口から無作為確率比較抽出された約1万人を対象とし,独自に作成した質問紙を発送し51.5%の有効回答を得た。
6	学校保健統計調査(文部科学省)	喘息,アトピー性皮膚炎,アレルギー性鼻炎	層化集落抽出法により抽出された対象校の在学者全員,満5歳から17歳を対象とする。年度初めに実施された健康診断の結果,学校医が判定し健康診断票に記入した病名にもとづく。
7	全国学校・幼稚園アレルギー疾患調査(厚生労働省,日本アレルギー学会)	喘息,アレルギー性鼻結膜炎,アトピー性皮膚炎,食物アレルギー	ISAAC調査票の日本語版を用い,無作為抽出された全国の学校の小学生の保護者,中学生にアンケート調査を行い,2005年10万人,2008年9万人,2015年8万人から回答を得た。2008年は幼稚園の保護者,高校生も対象に加え,2012年はネットを利用して小児の調査を実施した。
8	児童生徒の健康状態サーベイランス事業報告書(日本学校保健会)	気管支喘息,アトピー性皮膚炎,食物アレルギー,アレルギー性鼻炎・結膜炎(花粉症を含む),スギ花粉症,シックハウス症候群,蜂毒アレルギー	1993年からおおよそ隔年実施されている。協力校を通じアンケート用紙を配布しアレルギー疾患については保護者が記入する。内容は,1.医師の診断に基づくアレルギー疾患の有病率,既往,学校対応状況,2.ISAACを用いた気管支喘息の調査,3.アナフィラキシーおよびアナフィラキシーショックの有病率,4.エピペンRの所持状況である。2018年の調査は,小学校,中学校,高校の122協力校,回収率は77.7%で男子9 088人,女子9 777人から回答を得た。

asthma and allergies in childhood) の調査票である。当初はニュージーランドとドイツの主導で，各国の子どもの喘息，鼻炎，湿疹の有症率と重症度を標準化された方法で記述し，経時的変化を検討する基礎資料とし，遺伝的要因，生活習慣，環境，医療介入が有症率と重症度に与える影響を見出す目的で開始された。6〜7歳と13〜14歳の集団について行い，1993〜1995年，2001〜2003年の国際調査で，低収入国および中収入国での喘息患者増加が報告された。その後調査は，2012年に国際結核肺疾患連合と各国企業の援助を得て設立されたGlobal Asthma Network により継続されている。1.3で述べるように症状だけでアレルギー疾患と診断することはできないが，アレルギー疾患があっても通院するほど強い症状がなく売薬等で対処することはあるし，医療へのアクセスが悪い場合には受診そのものが不可能なことがあるので，質問紙の使用には一定のメリットがある。

◎引用文献

(1) 荻野ら：MAST 法による特異的 IgE 抗体の地域差（第 1 報），耳鼻と臨床，40 (3)，pp. 505-506, 1994

(2) Okuda M.：Epidemiology of Japanese cedar pollinosis throughout Japan, Ann Allergy Asthma immunol 2003, 91, pp.288-296

1.3 環境汚染とアレルギー疾患

① 環境要因とアレルギー

われわれの遺伝子が，急速に，かつ，多くの人々に共通した変異をきたすということは確率的にも非常に考えにくく，一般に，アレルギー疾患の急増原因は，遺伝要因の変化より環境要因の急変に求められている。アレルギー疾患の急増にかかわる環境要因としては，以下が一般に列挙される。

■居住環境の変化

アルミサッシの使用やコンクリート住宅化，気密化工法の導入等により，居住環境は密閉化されている。空調の使用により室温が定常化され，ダニの繁殖に適した温度条件が通年的に生じやすくなっている。これらの諸条件により，ダニに関連するアレルゲンが増加し，アレルギー疾患が増加したという考えもある。また，カビやペットの一部もアレルゲンとなりうる。加えて，花粉に関連するアレルゲンも容易に室内に侵入する。このように，居住環境において種々のアレルゲンが増加しているという考え方がある。

一方，建材の防腐や防虫等を目的に，種々の化学物質が，また，壁紙，塗料，接着剤，パーティクルボード等インテリア製品や一般家電製品，各種事務設備・機器にも防燃等を目的に多くの化学物質が使用されるようになり，居住環境における環境汚染物質の曝露機会の増加も危惧されている。また，プリンターのトナーや化粧品等の生活用品や消費者製品には，非常に粒径の小さいナノ粒子（直径が nm サイズの極微小粒子）が使用されている場合もある。

■食環境の変化

食生活の多様化も進んできた。新たな食材に含まれる成分は新たなアレルゲンとなる可能性を否定できない。しかし，急増しているアレルギー疾患の多くは，

ダニ，スギ花粉，卵，小麦等，昔から存在するアレルゲンに対し特異的な反応を示して発症している場合が多く，新たなアレルゲンとの遭遇がアレルギー疾患を急増させているとも考えにくい。一方，食生活の欧米化がアレルギー疾患増加の一因とも考えられている。

もう一つの変化として，食物やその容器に対する添加物（化学物質）の使用が挙げられる。防腐剤，抗酸化剤，着色剤等，さまざまな化学物質が食品に使用されている。また，原材料の効率的な生育や飼育のために，除草剤などの農薬，抗生物質やホルモン製剤が使用される場合も指摘されている。また，利便性・経済性向上のためにディスポーザブルの食器や容器がしばしば使用されるが，この原材料（プラスチック等）を成型するための可塑剤としていくつかの化学物質が使用されており，この溶出による曝露をわれわれは受ける可能性がある。

■衛生環境の変化

寄生虫疾患や細菌感染症の減少がアレルギー疾患増加の一因であるとの指摘もある。例えば，細菌感染症の減少とアレルギー疾患の増加の関連に関しては，リンパ球の種類（構成）のバランスが変化し，アレルギー反応や疾患が発症・増悪しやすくなったという考え方が一般的である。

一方，もう一つの衛生環境の変容として，農薬，防虫剤，抗生物質，抗菌剤等の化学物質の使用が挙げられる。われわれは，日常生活の中でも，殺虫的あるいは殺・抗菌的化学物質の曝露を受けている可能性がある。

■水・大気・土壌環境の変化

水・大気・土壌環境等，狭義の環境因子の変化（いわゆる環境汚染）がアレルギー疾患の増加，増悪に関与するという論拠も多い。例えば，2.5 μm 以下の微粒子（$PM_{2.5}$）がアレルギー，喘息の悪化と相関するという疫学知見は，世界中から多々報告されていた。筆者らは，$PM_{2.5}$ の代表ともいえるディーゼル排気微粒子（diesel exhaust particles：DEP）がアレルギー性気管支喘息を増悪させることを世界で初めて明らかにした [1]。換言すると，環境汚染物質によりアレルギー疾患が増悪しうるという事実をわれわれが初めて示した物質が DEP である。

② DEP によるアレルギー，気管支喘息の増悪

　DEP はアレルゲンによる好酸球性気道炎症，粘液産生増加，気道反応性亢進，特異的抗体産生という気管支喘息の諸病態をさらに増悪する。また，DEP は，アレルゲン存在下に，種々のサイトカイン，とくに，好酸球を活性化するインターロイキン 5（IL-5）というタンパクを増やし，気管支喘息を悪化していることが示唆された[1]（1.5 (5) 参照）。

　DEP は，元素状炭素を核としてもつことが多く，一般に，核の周囲や内部に，分子量の大きな炭化水素とその誘導体，多環芳香族炭化水素，飽和脂肪酸，芳香族酸，キノン，硝酸塩，硫酸塩，金属等の非常に多くの物質が存在する。換言すれば，DEP は，粒子と莫大な数の化学物質の集合体といえる。DEP に含有される主たるアレルギー増悪成分につき検討を進めると，DEP に含まれる脂溶性化学物質（群）が重要であり，脂溶性化学物質を抽出した後の残渣粒子と脂溶性化学物質群が共存することによりアレルギー性炎症は相乗的に増悪することも明らかになった。

③ 環境汚染化学物質によるアレルギーの増悪

　環境汚染物質は，大気汚染物質以外にも数多く存在し，経気道的だけでなく，経口的，経皮的にも体内に侵入する。一方，アレルギー疾患は，気道以外にも存在する。われわれは，種々の環境汚染物質が種々のアレルギー疾患に及ぼす影響を明らかにする必要があると考えるに至り，経口的，経門脈的に曝露される環境汚染物質がアトピー性皮膚炎に及ぼす影響に注目した。ダニアレルゲンをアトピー体質マウスの耳介皮内に投与することにより誘導した皮膚炎モデルに対し，プラスチックの可塑剤として汎用され，ヒト臍帯でも検出されるフタル酸ジエチルヘキシル（DEHP）を腹腔内投与したところ，皮膚炎の重症度は，DEHP の低用量曝露で増悪した。逆に，高用量曝露では増悪影響は目立たなくなった。このような量−反応関係は，いわゆる「環境ホルモン作用」において観察される現象であることから，DEHP のアレルギー増悪作用は環境ホルモン作用と類似したメカニズムを介している可能性が示唆された。また，増悪メカニズムとして，好

酸球を活性化する IL-5 や好酸球を呼び寄せるエオタキシンというタンパク等の皮膚における発現が重要と考えられた。筆者らの研究においてアトピー性皮膚炎を増悪させた DEHP の曝露量は，肝臓に病理学的変化をもたらす量に比較し，かなり少ないということも特筆すべき知見である。その後，DEHP の母胎への曝露が，乳児期に曝露を受けた子ども（雄）のアトピー性皮膚炎を増悪させることも明らかになった。また，一部の農薬やフタル酸ジイソノニル等の可塑剤もアトピー性皮膚炎を増悪させる一方，アレルギー増悪作用を示さない化学物質も多々存在することも明らかになってきた。

　疫学的にも，例えば，喘息，鼻・結膜炎，アトピー性皮膚炎に罹患している小児では，室内環境におけるフタル酸エステル類曝露とアレルゲンによる感作には正の相関が認められる。また，小児の尿中フタル酸エステル代謝物濃度とアトピー性皮膚炎の発症にも正の相関が認められることが示されている。

　一方，トリクロサンは，抗菌作用を有し，歯磨き粉，マウスウオッシュ，デオドラント，石鹸等に含まれる。疫学的に，小児のアレルゲンによる感作は，尿中トリクロサン濃度の上昇と正の相関が認められることが報告[2]. [3] されている。実験的研究では，マウスの耳介にトリクロサンを塗布すると，ダニアレルゲン等による気管支喘息病態が悪化することや，気管支喘息病態の悪化に，トリクロサンの経口曝露による腸内細菌叢の変化が関与することも指摘[4] されている。

　これまでにも，腸内細菌のバランスの乱れによって，喘息が悪化することが知られており，例えば，その要因として，抗生物質が挙げられる。抗生物質の投与により善玉菌が減少し，その結果，腸内で増殖した真菌カンジダを介して，喘息を悪化させる。

　ビスフェノール A（BPA）は，合成樹脂の原料であり，塗料や接着剤等に含まれている。小児の尿中 BPA 代謝物濃度が血中総 IgE 量や気管支喘息の発症と正の相関を示すこと，とくに女児に顕著であることが報告[5] されている。また，妊娠中の BPA とフタル酸エステル類の曝露が小児の気管支喘息の発症と正の相関を示すことも報告[6] されており，化学物質の複合的な曝露が小児のアレルギーに寄与している可能性も想定される。実験的研究では，妊娠および授乳期間中の BPA の曝露が，アレルギーの悪化に寄与する可能性が示されている。また，胎仔期や若齢期の BPA 曝露が気管支喘息に影響を及ぼす可能性も指摘されている。

④ 香料とアレルギー

　香水や芳香スプレーのほか，衣料用柔軟仕上げ剤にも香料が含まれ，香料が広く流通するようになった。一方で，香料の原材料となる VOC 等が気管支喘息を悪化させることが懸念されている。一般に，匂い物質は，嗅上皮の嗅繊毛に発現している嗅覚受容体と結合し，匂いとして感知される。同様に，気道にも嗅覚受容体が存在し，気道上皮細胞の中に少数含まれる神経内分泌細胞に発現することが報告 [7] されている。匂いの成分が神経内分泌細胞に機能異常をもたらし，カルシトニン遺伝子関連ペプチド（CGRP）といった気道過敏性の亢進作用等を有する神経ペプチドが放出され，気管支喘息を悪化させうることが報告 [7] されている。

◎参考文献（1.3）

[1] Takano H, Yoshikawa T, Ichinose T, Miyabara Y, Imaoka K, Sagai M：Diesel exhaust particles enhance antigen-induced airway inflammation and local cytokine expression in mice, Am J Respir Crit Care Med 156, pp.36-42, 1997

[2] Spanier AJ, Fausnight T, Camacho TF, Braun JM.：The associations of triclosan and paraben exposure with allergen sensitization and wheeze in children, Allergy Asthma Proc., 35, pp.475-481, 2014

[3] Bertelsen RJ, Longnecker MP, Løvik M, Calafat AM, Carlsen KH, London SJ, Lødrup Carlsen KC.：Triclosan exposure and allergic sensitization in Norwegian children, Allergy, 68, pp.84-91, doi: 10.1111/all.12058, 2013

[4] Hirota R, Ohya Y, Yamamoto-Hanada K, Fukutomi Y, Muto G, Ngatu NR, Nakamura T, Nakamura H.：Triclosan-induced alteration of gut microbiome and aggravation of asthmatic airway response in aeroallergen-sensitized mice, Allergy, 74, pp.996-999, doi: 10.1111/all.13639, 2019

[5] Wang IJ, Chen CY, Bornehag CG.：Bisphenol A exposure may increase the risk of development of atopic disorders in children, Int. J. Hyg. Environ. Health, 219, pp.311-316, 2016

[6] Gascon M, Casas M, Morales E, Valvi D, Ballesteros-Gómez A, Luque N, Rubio S, Monfort N, Ventura R, Martínez D, Sunyer J, Vrijheid M.：Prenatal exposure to bisphenol A and phthalates and childhood respiratory tract infections and allergy, J. Allergy Clin. Immunol., 135, pp.370-378, doi: 10.1016/j.jaci.2014.09.030, 2015

[7] Gu X, Karp PH, Brody SL, Pierce RA, Welsh MJ, Holtzman MJ, Ben-Shahar Y.：Chemosensory functions for pulmonary neuroendocrine cells, Am. J. Respir. Cell Mol. Biol., 50, pp.637-646, doi: 10.1165/rcmb.2013-0199OC, 2014

1.4 アレルギーの定義と病態

アレルギー「Allergy」とは，1906年にウィーンの医師がギリシャ語の allos（変じた）と ergo（作用）を語源として最初に用いた用語といわれる。本来，生体を防御するための免疫が「変じて」，通常は無害な環境中の物質（花粉，ダニ，カビ，食品，薬物など）を抗原と認識して「作用」することにより生じた病的状態をいい，アレルギー反応「Allergic reaction」ともいう。

❶ アレルゲン

アレルギー反応をおこす抗原タンパク質をアレルゲンと呼び，室内環境でアレルゲンとなるのは通常，チリダニ，カビ，花粉，動物皮屑や毛，昆虫，食べ物である。タンパク質以外に，ニッケルなどの金属，イソシアネートなど，機序は不明だが抗原特異的 IgG または IgE 抗体（1.5（4）参照）が作られアレルゲンと類似の反応を引き起こすものをハプテンと呼ぶ。

❷ アジュバント

アレルゲンとともに存在して免疫応答を増強する物質を増強要因（アジュバント）と呼ぶ。狭義には環境中のディーゼル排気粒子（DEP），石炭燃焼産物としてのフライアッシュ，ホルムアルデヒドなどを指す。このほか，アレルゲンとなる生物に含まれる物質（ダニの蛋白分解酵素，花粉に含まれる酵素や脂質など）が抗体産生を促進すること，皮膚常在菌マラセチアに対する抗体産生や皮膚細菌叢の多様性の消失（黄色ブドウ球菌の増殖）がアトピー性皮膚炎の発症増悪に関与する例も広義のアジュバントと理解されている。

❸ アレルギー反応

GellとCoombsにより主に4種に分類されてきた（**表 -1.4.1**）。

■ Ｉ型アレルギー反応

最もよく知られているアレルギー反応で，IgEが関与する。アレルゲンが初めて体内に侵入すると，抗原に特異的なIgEが持続的に産生され（感作），マスト細胞表面にIgEのFc部分が結合する（1.5（4）参照）。

ふたたびアレルゲンが体内に侵入すると，数秒以内に組織のマスト細胞表面に結合している抗原特異的IgE抗体に結合し，マスト細胞から炎症性メディエーター（ヒスタミン，トリプターゼ，ロイコトリエン，プロスタグランディン，血小板活性化因子（PAF），サイトカイン，ケモカインなど）を含む顆粒が放出される。このためＩ型反応は，即時型反応とも呼ばれる。

数分から数十分以内に，眼ではかゆみ，鼻腔ではくしゃみ，水様鼻汁，気管支では気道腔狭窄と粘液分泌増加による喘鳴，咳嗽，喀痰，血管では血流増加と透過性亢進によりリンパ節へのリンパ液流入の増加，血管外への水分漏出によるむくみ，血圧低下，消化管では分泌量増加，蠕動亢進により下痢，嘔吐などが生じる。これらの反応が複数臓器に惹起され，生命に危機を与えうるものをアナフィ

表 -1.4.1　アレルギー反応の分類（Gell & Coombs）と環境アレルギー疾患

	同義語	抗体	抗体以外に働くもの	環境アレルギー疾患
Ｉ型	即時型	IgE	マスト細胞	アナフィラキシーショック，急性蕁麻疹，季節性鼻炎・結膜炎（花粉症），アレルギー性喘息，食物アレルギー
Ⅱ型	細胞傷害型	IgG IgM	補体	ハプテンによる溶血性貧血
Ⅲ型	アルサス型	IgG IgM	マクロファージ	過敏性肺炎，アレルギー性気管支肺真菌症，好酸球性肺炎
Ⅳ型	遅発型	なし	抗原特異的T細胞	接触性皮膚炎

ラキシー，収縮期血圧 80 mmHg 以下の血圧低下や意識障害を伴う場合をアナフィラキシーショックという。

■Ⅱ型アレルギー反応

Ⅱ型反応は IgM および IgG（1.5（4）参照）が関与する。抗生物質ペニシリン，セファロスポリンがハプテンとなって作られた IgM および IgG が，赤血球表面に結合した抗生物質に結合して補体を活性化し赤血球を破壊する溶血性貧血が代表的な例である。

■Ⅲ型アレルギー反応

Ⅲ型反応は，植物性粉塵，動物体成分・排泄物，昆虫，真菌，細菌，薬剤，有機化学物質などの抗原に対し作られた IgG や IgM（1.5（4）参照）が，抗原と結合し免疫複合体を作り生じる反応である。免疫複合体が補体（1.5（4）参照）を活性化し，補体がマスト細胞に結合すると，マスト細胞が活性化され免疫複合体と結合してヒスタミンなどを放出し Ⅰ型アレルギーに似た反応が生じる。それに続いて，マクロファージとやや遅れて好中球あるいは好酸球が組織に集まり免疫複合体を貪食し，細胞傷害性の炎症をおこす。過敏性肺炎，アレルギー性気管支肺アスペルギルス症，好酸球性肺炎などがこのメカニズムによって生じる。

アレルギー性気管支肺真菌症は，気管支の粘液栓内に腐生した真菌（*Aspergillus fumigatus* など）に対し，2 型応答（1.5（5）参照）による血清総IgE および糸状菌特異的 IgE の上昇，好酸球増多とともに，糸状菌特異的 IgGが上昇する。また Th17 細胞を介した 3 型応答（1.5（5）参照）も生じる。

過敏性肺炎は，原因抗原を吸入することにより 4〜18 時間後に抗原特異的 IgGと抗原の免疫複合体が肺胞中隔に形成され，補体（1.5（4）参照）を活性化し，好中球とマスト細胞の反応を促し，さらに 24〜48 時間後に細気管支から肺胞壁に免疫細胞が集積し，酸素と二酸化炭素の血液ガス交換が低下し，肺活量が低下する。

■Ⅳ型アレルギー反応

Ⅳ型反応は抗原特異的 T 細胞によって起きる反応で，Ⅰ型反応なしに単独で

起きるものと，Ⅰ型の即時型反応が治まった後に遅延型反応として生じるものがある。

　前者の例として，アレルギー性接触皮膚炎がある。原因物質に曝露後，抗原特異的T細胞による細胞傷害が24から72時間たってから生じる。原因物質はハプテンとよばれる低分子アレルゲンで，皮膚において樹状細胞がハプテン（金属，重金属，樹脂，漆，ゴム硬化剤，ゴム老化防止剤，防腐剤，香料，ヘアカラー剤，防腐剤，消毒液，抗生物質など）を細胞内に取り込み，リンパ液の流れにそってリンパ節に達し，抗原提示細胞としてT細胞に情報を伝えると，抗原特異的T細胞ができる（感作相）。感作成立後にハプテンの曝露を受けると，抗原特異的T細胞が皮膚に集まり，炎症を起こし，浮腫を伴う発赤（浮腫性紅斑），小水疱が生じる（惹起相）。診断はパッチテストによる。光アレルギー性接触皮膚炎では，皮膚に付着した物質に紫外線（主にUVA）が照射されることで感作相と惹起相が生じる。

　後者の例として，アレルギー性鼻炎，アレルギー性結膜炎，気管支喘息，アナフィラキシーの遅延型反応がある。いったんⅠ型反応が治まった数十分から数時間後に，マスト細胞から放出された多種類の炎症性メディエーターにより動員された好酸球、好塩基球，単球，およびTh2細胞が，再び局所に浮腫，血管拡張や血管漏出を起こし24時間以上持続する。Th2細胞は、好酸球、好塩基球，マスト細胞を活性化し，好酸球，好塩基球，マスト細胞は顆粒を放出することで互いを刺激し合う。即時型反応と比べ，より広範囲に生じ，好酸球や好塩基球による組織損傷を伴う。即時型反応の症状から遅延型反応の重症度を予測することは困難である。1.5で示すように，2型応答では自然免疫細胞によりまず抗原特異的T細胞がTh2細胞に分化し，それに引き続いて抗原特異的IgEが産生される。すなわち抗原特異的IgEを産生する個体には，抗原特異的Th2細胞が存在し，遅延型反応発症に関わる。

IgE 介在性アレルギー疾患

　アレルギー反応にIgEが関与する疾患をIgE介在性アレルギー疾患とよび，アレルギー性鼻炎，アレルギー性結膜炎，気管支喘息，アナフィラキシーがある。

血清中に抗原特異的 IgE が検出される。2022 年 4 月時点で動植物と化学物質を
あわせて 200 種類以上が測定可能である。

　IgE 介在性アレルギー疾患におけるアレルギー反応の大きさは，患者が保有す
る抗原特異的 IgE 抗体の血中濃度，アレルゲンが侵入する経路，アレルゲンの
曝露量，影響を受ける部位の解剖学的バリアの破綻などにより変化する。

　IgE 介在性アレルギー疾患の罹患率（1.2 参照）を上昇させる因子として，ア
トピー素因と環境因子が知られている。

　アトピー素因とは，①家族歴，既往歴で気管支喘息，アレルギー性鼻炎，結膜
炎，アトピー性皮膚炎のうち一つ以上（蕁麻疹は考慮しない），あるいは，②先
天的に IgE を産生しやすい体質（血清総 IgE 値および特異的 IgE 抗体価の上昇）
のいずれか，と定義され，両親にアトピー素因があると，その子どもに IgE 依
存性アレルギー疾患を発症する確率は 40〜60 ％であるのに対し，ない場合には
約 10 ％である。

　IgE 介在性アレルギー疾患の発症には環境因子にも関与する。幼少期の家畜や
土壌由来の微生物感染（1.6（2）参照），その他の感染症，食事の変化，アレルゲ
ン曝露，大気汚染，たばこの煙，オゾン，揮発性有機化学物質（1.8 参照）など
が挙げられている。

　アトピー性皮膚炎では，痒みによる掻爬により角質細胞からサイトカインが
放出され 2 型応答（1.4 参照）が始まるため，非特異的刺激を避け保湿につとめ，
掻破しないようにすることが推奨されている。

1.5 免疫の仕組み

　免疫とは，病的細胞（ウイルスに感染した細胞やがん細胞など）および感染性
微生物（細菌や真菌，寄生虫，ウイルスなど）を生体内から排除するシステムで
ある。古典的に免疫は，排除すべき対象に非特異的に作用する自然免疫と，特異
的に作用する獲得免疫に，そして獲得免疫は免疫細胞による細胞性免疫と免疫細
胞が産生する抗体による液性免疫に分類されてきた。

　排除すべき対象は，まず解剖学的バリアにより侵入を阻止され，バリアが破綻
した場合に免疫の反応，すなわち免疫応答が開始される。

1 解剖学的バリア

　外来の排除すべき対象は，軽微なものであれば，皮膚粘膜などの解剖学的バリ
アにより阻止されるため免疫応答は起きない。局所の抗菌作用を持つ物質（皮脂
の脂肪酸，汗の乳酸，唾液，汗，涙のリゾチーム，胃の塩酸，腸管の抗菌ペプチ
ドなど）および皮膚や腸管の常在細菌叢が解剖学的バリアとなる。

　乾燥や摩擦，消毒薬等の細胞毒，洗剤などの界面活性剤，花粉やダニなどア
レルゲンとなる生物が含む蛋白質を分解する酵素（プロテアーゼ），亜硫酸ガス，
窒素酸化物，ホルムアルデヒドなどは解剖学的バリアを破壊，除去する。

2 免疫細胞

　免疫にかかわる細胞を免疫細胞と総称し，すべて骨髄の造血幹細胞から作られ
る。各免疫細胞はさまざまな刺激に応じて一定のサイトカインとよばれるタンパ
ク質を分泌し，まわりの免疫細胞に変化を促す。代表的なサイトカインとしてイ
ンターフェロン（IFN α，$-\beta$，$-\gamma$），インターロイキン（IL，37種類以上），腫
瘍壊死因子（TNF$-\alpha$など）がある。免疫細胞には，サイトカインおよび神経

伝達物質，ホルモン，医薬品，神経伝達攪乱物質（農薬など），内分泌攪乱物質に対する受容体があり，それぞれの刺激に反応する。

　一部の免疫細胞は，胸腺と呼ばれる心臓の上前方に位置する組織でＴ細胞に作り変えられる。各Ｔ細胞の表面にはＴ細胞受容体（TCR）が一種類だけ存在し，TCRは一個体で常時一億種類以上ある。受容体とは，細胞膜表面や細胞内に存在し特定の分子に結合し次なる反応（酵素による化学反応やイオンの通過）をもたらすタンパク質で，TCRは一種類の外来抗原にのみ結合する。Ｔ細胞は表面にTCRの補助受容体であるCD4またはCD8のどちらかを有する。CD4陽性Ｔ細胞はサイトカインを分泌し他の細胞を活性化する機能をもつ。AIDSウイルスはCD4陽性Ｔ細胞を減少させる。CD8陽性Ｔ細胞は細胞を傷害する機能をもつ。

　最近，ナチュラルキラー細胞（NK細胞），自然リンパ球（ILC1，ILC2，ILC3，LTi），ナチュラルキラーＴ細胞（NKT細胞）が発見された。NK細胞，ILC1，ILC2，ILC3は免疫応答の初動，LTiは胎児期のリンパ組織形成に重要な役割を担い，NKT細胞は迅速なサイトカイン分泌を行う。NKT細胞の表面にはTCRが発現している。

 免疫細胞の存在部位

　血液中の免疫細胞を白血球とよぶ。血液は心臓から動脈に送り出され，組織の毛細血管から静脈を通って心臓に戻るが，赤血球と血小板以外の成分（白血球および血漿）は，いったん毛細血管から漏れ出てふたたび静脈に入るほか，リンパ液としてリンパ管からリンパ節を経て胸管から心臓に戻る。リンパ節に類似の組織として小腸粘膜下に点在するパイエル板と脾臓がある。

　免疫細胞には，血液やリンパ液の流れに乗って全身を巡回し必要があれば組織に集まるもの，常時組織にいて排除すべき対象の侵入を見張るもの，そしてリンパ節等で免疫の記憶にかかわるものがある（**表-1.5.1**）。

表 -1.5.1　免疫細胞

		主な存在部位	主な役割
自然免疫系	好中球	血液/リンパ液	貪食，顆粒分泌
	好塩基球	血液/リンパ液	顆粒分泌
	好酸球	血液/リンパ液	顆粒分泌
	単球	血液/リンパ液	組織でマクロファージになる
	ナチュラルキラー（NK）細胞	血液/リンパ液	顆粒分泌
	ナチュラルキラーT（NKT）細胞	血液/リンパ液	免疫記憶，細胞傷害
	マクロファージ	組織，リンパ液，リンパ節等	貪食，抗原提示
	樹状細胞	組織，リンパ液，リンパ節等	貪食，抗原提示
	自然リンパ球（ILC）	組織	サイトカイン産生
	マスト細胞	組織	顆粒分泌
獲得免疫系	Bリンパ球（B細胞）	血液/リンパ液，リンパ節等	免疫記憶，抗体産生
	Tリンパ球（T細胞）	胸腺，血液/リンパ液，リンパ節等	細胞傷害，サイトカイン産生
	形質細胞	リンパ節等，組織	免疫記憶，抗体産生

④ 免疫応答

■排除すべき対象の認識機構

補体：主に肝臓で合成される 30 以上の血清蛋白質の複合体で，生まれた時から血液中に存在し，感染性微生物またはそれに結合した抗体により活性化されて，炎症を引き起こし，貪食細胞（好中球，マクロファージ）による感染性微生物の取り込みと破壊を促すとともに，感染性微生物の膜に穴を開けて死滅させる。

血液中の好中球，組織のマクロファージ：ウイルス等に感染した細胞やがん細胞，感染性微生物を貪食して自己の細胞内に取り込み，Toll 様受容体や NOD 様受容体などの受容体を介して異常なリポ蛋白質や RNA を認識し，それぞれに応じたサイトカインを分泌し，NK 細胞および自然リンパ球を活性化する。

組織の樹状細胞：感染性微生物およびその他の微生物，食物，花粉などを貪食し，含まれるタンパク質を断片化し，自己固有タンパク質である MHC 分子と結合させ，細胞表面に抗原として提示し，抗原提示細胞（ATC）となる。したがって，抗原とはタンパク質の一断片で，1つの生物から複数種類の抗原ができることがある（第2章参照）。また種によりタンパク質が部分的に同じ構造である場合には，ある生物の抗原のひとつが他の生物の抗原と同様の反応をもたらすことがあり，交差抗原性と呼ぶ。

上皮細胞（皮膚や粘膜の表面の細胞）：寄生虫の刺激（噛んでプロテアーゼを分泌する）を感知してサイトカインを分泌し，組織の自然リンパ球を活性化する。

■抗体の産生

　抗原提示細胞は，リンパ節等においてある種の条件下に CD4 陽性 T 細胞を濾胞ヘルパーT 細胞（Tfh）に変化させる。Tfh が B 細胞を刺激すると，B 細胞が抗体（免疫グロブリン，Ig）を産生するようになり，やがて形質細胞として専ら抗体を分泌するようになるか，あるいは抗原に迅速に反応するメモリーB 細胞になる。形質細胞は一部骨髄に移動し10年以上の寿命をもつことがある。B細胞は，細菌由来のリポ多糖類 LPS，細菌 DNA によっても抗体産生を始めることがある。

　抗体は長い重鎖2本と短い軽鎖2本からなる Y 字型の糖タンパクで，**図 -1.5.1**

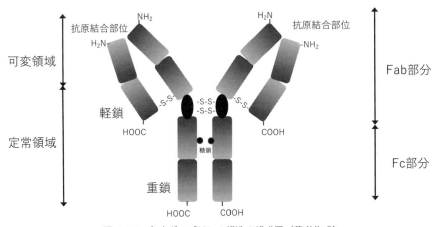

図 -1.5.1　免疫グロブリンの構造の模式図（著者作成）

の各長方形とだ円は，N 末端（$-NH_2$）に始まり C 末端（$-COOH$）に終わる 1本のアミノ酸の鎖が部分的に立体構造を有していることを示す。重鎖と軽鎖は互いにジスルフィド結合（$-S-S-$）により結び付けられている。抗体にある種のタンパク分解酵素を作用させると 2 個の重鎖と軽鎖が結合した Fab 部分と，1個の 2 本の重鎖が結合した Fc 部分にわかれる。Fab 部分の N 末端に近い方が抗原に特異的に結合する可変領域で，Fc 部分の C 末端に近い方が細胞に結合する。可変部は，膨大な数のアミノ酸配列で構成され，対する抗原により異なる。

　同じ抗原に対し B 細胞が作る抗体には，IgM，IgG，IgA，IgE，IgD の 5 種類がある。B 細胞が濾胞ヘルパー T 細胞に刺激され最初に作る抗体は IgM で，各種サイトカインの働きにより同じ可変部をもつ IgG，IgA，IgE が作られるようになることをクラススイッチと呼ぶ。通常 IgM，IgG，IgA が全体の 95 ％を占める。IgG へのクラススイッチは IL-4，IFN-γ，TGF-β，IL-21，IgA へは IL-5，TGF-β，IL-21 により誘導される。IgA は IgG の次に多く，同じものが 2 つ結合した二量体の形で眼・鼻・喉や消化管の粘膜表面に分泌される。

　IgM，IgG，IgA は，中和（抗体が病原体に結合し細胞内への侵入を阻止する），オプソニン化（抗体の Fc 部分がマクロファージに結合し細菌の貪食を促進する），補体活性化（抗体が結合すると補体が活性化され病原体の膜に小孔が生じ菌を破壊する）に加え，リンパ節において B 細胞表面に結合し T 細胞の特有の変化すなわち分化を促すなどの作用がある。

　B 細胞の IgE 産生へのクラススイッチは IL-4 により誘導される。IgE の Fc 部分がマスト細胞または好塩基球の膜表面に強く結合し，Fab 部分に抗原が結合すると，細胞から顆粒が放出され相手を攻撃する。この顆粒にはヒスタミン，ロイコトリエンなどが含まれ，寄生虫感染の防御に重要である。樹状細胞が，花粉，ハウスダスト，食物など，本来ヒトに対して感染性でないものを抗原として提示し，IL-4 の存在下で B 細胞の IgE 産生へのクラススイッチが誘導されることがある。持続的に特異的 IgE を産生するようになることを感作と呼ぶ。

⑤ 新しい免疫応答の分類

　近年，一連の自然免疫，細胞性免疫，液性免疫には，排除すべき対象の種類に

表 -1.5.2　免疫応答の分類

	細胞傷害性	1型応答	2型応答	3型応答
排除対象	ウイルス等感染細胞	ウイルス，結核菌	寄生虫（蠕虫）	細胞外寄生細菌，真菌
最初に反応する細胞（分泌サイトカイン）	自然免疫細胞/T細胞（IL-12）		上皮細胞（TSLP, IL-33, IL-25）	自然免疫細胞（IL-23）
自然リンパ球（分泌サイトカイン）	NK細胞（IFN-γ）	ILC1（IFN-γ）	ILC2（IL-4,IL-5,IL-13）	ILC3（IL-17, IL-22）
T細胞の分化（分泌サイトカイン）	CD8陽性T細胞→細胞傷害性T細胞（IFN-γ）	CD4陽性T細胞→Th1細胞（IFN-γ）	CD4陽性T細胞→Th2細胞（II-4, IL-5, IL-13）	CD4陽性T細胞→Th17細胞（IL-17, IL-22）
活性化される自然免疫細胞	マクロファージ	マクロファージ	好酸球，好塩基球，マスト細胞	好中球

応じて，4つのパターンがあることが見いだされ，それに基づく分類が一般的になっている（**表 -1.5.2**）。

IgE 依存性アレルギー疾患は主に 2 型応答によって生じる。

■ウイルス等に感染した細胞およびがん細胞に対する細胞障害性応答

好中球，マクロファージ，T 細胞により認識されサイトカインが分泌されると，血液中を巡回する NK 細胞が活性化され，直接攻撃すると同時にサイトカイン（IFN-γ）を分泌し，CD8 陽性 T 細胞の細胞障害性 T 細胞への分化を促し，組織のマクロファージを活性化し，排除すべき細胞の貪食を促す。

■ウイルス，結核菌に対する 1 型応答

好中球，マクロファージ，T 細胞により認識されると，自然リンパ球 ILC1 が IFN-γ を分泌し，CD4 陽性 T 細胞の Th1 細胞への分化を促し，Th1 細胞が IFN-γ を分泌してマクロファージを活性化する。IFN-γ は B 細胞の IgG 産生へのクラススイッチを促進する。このためウイルス感染が生じると，CD4 陽性 T 細胞の Th2 細胞への分化および IgE 産生は相対的に抑制される。

■寄生虫に対する2型応答

　上皮細胞から分泌されたサイトカインにより，組織の自然リンパ球 ILC2 が活性化され IL-4，IL-5，IL-13 が分泌されると，CD4 陽性 T 細胞が Th2 細胞に分化し，B リンパ球の抗体産生を促す。IL-5 の存在により，B 細胞の IgG，IgA，IL-4 の存在により IgE 産生へのクラススイッチが促進される。

　Th2 細胞がさらに IL-4，IL-5，IL-13 を分泌することにより，好酸球，好塩基球，マスト細胞が活性化される。皮膚にかゆみを感じて掻爬することが，皮膚の角質上皮細胞への刺激となり2型応答を引き起こし，アトピー性皮膚炎の悪化につながることがある。

■細菌や真菌に対する3型応答

　貪食細胞（好中球，マクロファージ）により活性化された自然リンパ球 ILC3 がサイトカイン（IL-22 または IL-17）を分泌し，CD4 陽性 T 細胞の Th17 細胞への分化を促す。Th17 細胞は，上皮細胞を刺激し抗菌物質を産生分泌し感染性微生物の細胞壁を破壊するとともに，間質細胞を刺激しサイトカイン（G-CSF，ケモカイン）の分泌を促し，好中球を組織に呼び寄せる。

6 免疫応答の収束

　分化した T 細胞は，長期生存しふたたびアレルゲンが侵入した際に短時間で大きな応答を行うこともあるが，通常，制御性 T 細胞（Treg）により自然に消滅し，免疫応答は収束する。Treg は，胸腺由来と，CD4 陽性 T 細胞から分化するものがあり，樹状細胞と T 細胞の活性化を阻害する。

1.6　アレルギー疾患の発症因子

 アレルギー疾患は先進国ほど多い？

　食物アレルギー，喘息，花粉症などのアレルギー疾患は先進国病と呼ばれるほど生活が豊かで衛生的な環境になるにつれ増加する傾向がある。その原因については諸説あるが一つの要因というよりは複合的な要因によると考えられている。例えば，高度成長期の産業化に伴い環境汚染に曝露されてきた親世代から子どもへの蓄積，自動車排ガスや化学物質，$PM_{2.5}$ など現在も存在する環境汚染，生活用品や衣服，食材などの変化である。途上国では他の病気への対処が優先でアレルギー疾患の診断に対する関心が先進国ほど高くない可能性もある。

　わが国では，平成 15 年保健福祉動向調査の概況[1] の全国 4 万人以上を対象にした調査結果では約 36 ％がアレルギー症状を有し，厚生労働省リウマチ・アレルギー対策委員会報告書（平成 23 年 8 月）[2] では全人口の約 2 人に 1 人が何らかのアレルギー疾患に罹患している。その中でも気管支喘息は小児・成人共に急増しており，とくに小児喘息は 20 年間で 3 倍近く増えているとの報告もある[1]（1.2 (1) 参照）。

2 衛生仮説

　アレルギー疾患増加の原因の一つとして有名なものに，衛生仮説がある。英国で生まれた子ども 17 414 人の 23 年間の追跡調査をもとに 1989 年に Strachan が発表した[3]。23 歳時の花粉症の有無，11 歳時のアレルギー性鼻炎の有無，1 歳までの湿疹の有無と，周産期，社会，環境に関する 16 の因子との関連を調べたところ，最も強い正の相関がみられたのは，年上の同胞の数だった。アレルギー疾患の発症が，年長の同胞との不衛生な接触による感染や，胎内で母親が彼らと接触して感染することにより，抑制されるかもしれないと考察した。

　その後，農村およびペットのいる家では環境中のエンドトキシン濃度が高く [4]，農村育ちには喘息やアトピー性皮膚炎が少なく [5], [6]，子どものマットレスのエンドトキシン濃度が高いと花粉症、喘息の発症が少ないこと [7] が示された。一方，乳幼児期のエンドトキシン曝露はアレルギー疾患の発症を抑制するが，その後の曝露は喘息，アトピー性皮膚炎の症状を悪化させることも明らかとなった [8]。

③ エンドトキシン

　エンドトキシン（Endotoxin, 内毒素）はリポ多糖（Lipopolysaccharide, LPS），外因性発熱物質（Exogenous pyrogen）としても知られている。リポ多糖の中のリピドA構造で，抗原性はほとんどないが高い耐熱性を持つ。微生物（陰性グラム群生物）の細胞壁成分であり，細胞壁の破壊（死骸）により放出される。

　エンドトキシンは，微生物の中でも真菌および陽性グラム群生物を除く陰性グラム群生物に限定される。グラム陰性菌には大腸菌，サルモネラ，腸内細菌科，ヘリコバクター，レジオネラなど真正細菌の大部分が属するため，実質的にエンドトキシンは水，空気，土壌などあらゆる生活環境に存在する。血中に混ざると人体に悪さをするが，普段の飲食物による摂取では問題にならないし，人の腸内細菌もエンドトキシンを産生している。

　エンドトキシンは多くの生物活性を発現させ，実験動物の血液中に混入すると発熱，敗血症性ショック，シュワルツマン反応などを引き起こす。近来，歯肉炎や歯周病とエンドトキシンとの関連性や熱中症の悪化にエンドトキシンが関与している [3] との報告がなされている。また，多量の飲酒により腸内のエンドトキシンが体内に吸収され，発熱・炎症などの症状を引き起こすなど体に大きな負担を与える [9] ことも報告されるなど，医学・薬学・生理学におけるエンドトキシンへの関心は高い。

④ 環境中のエンドトキシン濃度

　水，空気，土壌などあらゆる生活環境に存在するエンドトキシンだが，環境中にはどれぐらいのエンドトキシンが存在するだろうか。

　環境中エンドトキシン濃度の目安として**図-1.6.1**に水道水，ハウスダスト，空調機各部表面の測定結果例を示す。1日程度使用しなかった蛇口から受けた水道水での濃度は10〜20 EU/mL，水を十分流すと4 EU/mL程度になり，その水を減菌容器に密封して室温保管すると時間経過とともに指数関数的に濃度が上昇することが確認できる（**図-1.6.2**）。上水管の末端に近いほど塩素濃度が減衰するが，さらに暫く使用していない蛇口は空気と触れる時間が長くなるため汚染の可能性が増える。

　ハウスダスト中エンドトキシンは国や地域，生活様式によって数百から数十万 EU/gまで分布するが日本の住宅では数千から数万 EU/g 程度が一般的である[10]–[12]。数百 EU/g と非常に低い濃度の住宅もあるが，細菌は人間，土壌由来であり環境中のどこにでも存在するため，濃度が高すぎるのもまた低すぎるのも問題があると考えられる。

　人間の腸内にも数多いグラム陰性菌が存在し，あらゆる環境中にエンドトキシンは存在しているため一般レベルの環境中エンドトキシンは健康に大きな影響は

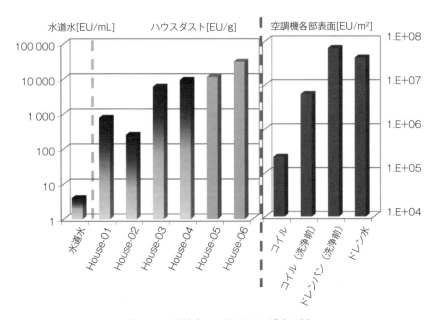

図-1.6.1　環境中エンドトキシン濃度の例

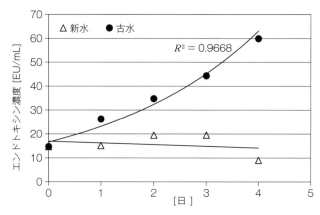

図-1.6.2 水道水中エンドトキシン濃度の経時的な変化（新水：蛇口から受けた新しい水，古水：0日目に蛇口から受けた水を滅菌試験管に密封して室内に保存したもの）

与えないだろうと考えられる。一方で，曝露年齢や曝露程度によりその影響が変わる可能性が示唆されていることから，適切な濃度レベルで管理する必要性があるが，環境中濃度に関してはまだ研究の蓄積が少なく課題となっている。

用語

1) グラム陰性と陽性（gram-negative and gram-positive）：グラム染色法で色素により染色されるかされないかによる細菌類の分類基準の一つである。色素（ゲンチアナ紫やクリスタル紫）で染色した際に，紫色に染色される細菌をグラム陽性菌，そうでない細菌をグラム陰性菌という。これは細胞壁の構造の違いによるもので生物学的に大きな違いがあることを示す。

2) リポ多糖：グラム陰性菌の細胞壁の外膜成分。脂質と多糖から構成され，LPS（Lipopolysaccharide）とも呼ばれる。

3) リピド A：2 つのグルコサミンユニットから構成される。免疫システムの刺激剤としてエンドトキシンの免疫活性の多くはリピド A に起因する。

4) シュワルツマン反応（Shwartzman reaction）：腸チフス菌などの培養濾液をウサギの皮内に少量注射し，一定時間（約 18〜36 時間）後に同じ濾液を静脈内に注射すると，最初に注射した皮内箇所に出血や壊死を伴う強い皮膚反応が起こる。これをシュワルツマン反応または現象といい，濾液に含まれるエンドトキシンが原因であることが分かっている。

◎引用文献（1.6）

(1) 厚生労働省：平成 15 年保健福祉動向調査の概況
   http：//www.mhlw.go.jp/toukei/saikin/hw/hftyosa/hftyosa03/kekka1-1.html

(2) 厚生労働省:厚生科学審議会疾病対策部会 リウマチ・アレルギー対策委員会，リウマチ・アレルギー対策委員会報告書，2011.8
https：//www.mhlw.go.jp/stf/shingi/2r9852000001nes4-att/2r9852000001newa.pdf
(3) Strahan DP.：Hay fever, hygiene, and household size. BMJ 1989, 299, pp.1259-1260
(4) von Mutius E, Braun-Fahrlander E, Schierl R, Riedler J, Ehlermann S, Maisch S, *et al.*：Exposure to endotoxin or other bacterial components might protect against the development of atopy, Clin Exp Allergy 2000, 30, pp.1230-1234
(5) Ernst P, Cormier Y.：Relative scarcity of asthma and atopy among rural adolescents raised on a farm, Am J Respir Crit Care Med 2000, 161, pp.1563-1566
(6) Kilpelainen M, Terho EO, Helenius H, Koskenvuo M.：Childhood farm environment and asthma and sensitization in young adulthood, Allergy 2002, 57, pp.1130-1135
(7) Braun-Fahrlander C, Riedler J, Herz U, Eder W, Waser M, Grize L, *et al.*：Allergy and Endotoxin Study Team. Environmental exposure to endotoxin and its relation to asthma in school-age children, N Engl J Med 2002, 347, pp.869-877
(8) Williams LK, Ownby DR, Maliarik MJ, Johnson CC.：The role of endotoxin and its receptors in allergic disease, Ann Allergy Asthma Immunol. 2005, 94 (3), pp.323-332
(9) Bala S, Marcos M, Gattu A, Catalano D, Szabo G.：Acute binge drinking increases serum endotoxin and bacterial DNA levels in healthy individuals, PLOSONE, Volume 9 Issue 5, pp.1-5, 2014
(10) Kim H, Lim ES, Kagi K, Azuma K, Yanagi U, Osawa G, Hayashi M.：Endotoxin concentration in house dust and indoor air in Japan. Indoor Air 2016 Proceedings (Electronic file), 2016
(11) Shinohara N, Hashimoto K, Kim H, Yoshida-Ohuchi H.：Fungi, mites/ticks, allergens, and endotoxins in different size fractions of house dust from long-term uninhabited houses and inhabited houses, Building and Environment 229 (2023) 109918, pp.1-11
(12) Carnes MU, Hoppin JA, Metwali N, *et al.*：House dust endotoxin levels are associated with adult asthma in a U.S. farming population, Annals of the American Thoracic Society 14(3), pp.324-331, 2017

◎参考文献（1.6）

[1] 日経BP：アレルギー疾患診断・治療ガイドライン2010概要，日経メディカルアペンディックス，12，pp.1-4，2010
[2] 斎博久：アレルギー疾患・喘息発症に関わるサイトカイン支配，喘息，13 (7)，pp.2-6，2004
[3] 尾崎将之，尾方政則：熱射病の発症におけるエンドトキシンの関与，エンドトキシン研究9－自然免疫の最前線－，pp.56-63，2006.12.

1.7 喘息と環境因子

 喘息の発症・増悪因子

　気管支喘息（以下，喘息）は，気道に慢性的な炎症が生じており，臨床症状として変動性を有した気道狭窄（喘鳴，呼吸困難）や咳で特徴付けられる疾患である。喘息には多様な原因や増悪因子が存在し，遺伝的な特性と環境による影響との相互作用で生じていると考えられている。

　喘息に関係する危険因子は，発症因子と増悪因子に大別される。発症因子には，個体因子と環境因子の双方が複雑に関与している。個体因子のうち遺伝因子では，両親が喘息を有していると，その子どもは 50 ％以上の確率で喘息を発症するといわれている。喘息は，遺伝因子にいくつかの環境因子が作用することで発症すると考えられている。また，慢性的な気道炎症と気道上皮の傷害が，非特異的な刺激に対する気道反応の過剰な亢進，すなわち気道過敏症を引き起こすと考えられている。このような状態にある気道に種々の増悪因子が作用すると，気管支平滑筋の収縮，気道粘膜の浮腫，気道分泌亢進による気流制限が生じ，喘息症状が引き起こされる。これらの関係を**図 -1.7.1** に示す。

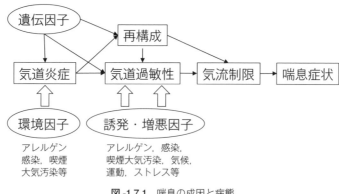

図 -1.7.1　喘息の成因と病態

　喘息発症における環境因子としては，ダニ類，花粉，真菌，動物（ふけ，上皮，毛，糞），昆虫などの吸入性アレルゲンが関与している。また，乳幼児期のライノウイルス感染，RSウイルス感染，細菌感染は重要な危険因子である。また，これらに影響する因子として，大気汚染や喫煙があげられている。大気汚染は気道に対して酸化ストレスによる障害等を引き起こし，これにより気道炎症や気道過敏性，気道再構成が増悪する可能性が考えられているが，アレルギー性炎症の病態における詳細な機序の解明は今後の課題である。

　喘息の増悪に関与する環境因子としては，喫煙，たばこ煙，アレルゲン，気温や気圧の変化や雷雨，大気汚染や室内空気汚染，インフルエンザウイルス，ライノウイルス，RSウイルスなどによる呼吸器感染がある。大気汚染では，オゾン，窒素酸化物，粒子状物質（SPM，PM_{25}），黄砂，ホルムアルデヒドが喘息の増悪因子とされている。

　近年，室内ダスト（ほこり）中のフタル酸エステル類と子どもの喘息やアレルギー疾患との関係が報告されている[1]。室内では，壁紙，床材，テーブルクロス，電線被覆材，子ども用玩具などにフタル酸エステル類を使用した製品がある。これらの製品から室内ダストにフタル酸エステル類が移行する。幼児は成人よりフタル酸エステル類の摂取量が多く，その主な曝露経路としてプラスチック製品を口に入れる行為や室内ダストが示唆されている。プラスチックを燃えにくくする物質として，建材，自動車，家電製品などに，近年リン酸エステル系難燃剤が利用されている。室内ダスト中のリン酸エステル系難燃剤と喘息，アトピー性皮膚炎，アレルギー性鼻炎との関係も近年示唆されている[2]。

　アレルギー疾患が増加している環境要因の関与の一つとして，「衛生仮説」が提唱されている（1.6で詳述）。衛生仮説とは，生活水準や衛生環境の向上による幼少期の感染症の減少が，アレルギー疾患が増加している原因とする説である。衛生仮説は多くの疫学研究で支持されている。例えば，幼児期に集団生活経験を持つ子どもでは小児期での喘息やアレルギー性鼻炎を減少させる[3]，兄弟姉妹数が多い子どもではアレルギー疾患の有病率が減少する[4]，農場育ちの子どもはアレルギー性鼻炎や喘息が少ない[5]，幼少期に感染症に罹患した子どもでは花粉症や喘息が少ない[6]，ハウスダスト中や生活環境中のエンドトキシン濃度が高いほど喘息が少ない[7,8]など，生活環境における衛生状態がアレルギー疾患

に影響することが示唆されている。また，幼児期に犬と過ごしていると，喘息や鼻炎などの呼吸器症状を呈する割合が低く，犬との接触が免疫系の発達を促進している可能性が報告されている[9]。

2 喘息の予防と改善法

予防は，一次予防（アレルゲンへの感作防止），二次予防（感作後の発症防止），三次予防（発症後の増悪防止）の3つに大別される。喘息の予防と改善法について，環境因子に焦点を絞って概説する。

一次予防は，発症因子に曝露する前に実施する予防である。小児では，主にアレルゲンに対して感作を引き起こす前の出産前後に実施すべき予防となる。育児環境においては，ダニや衛生害虫への曝露を防止すること，受動喫煙の防止，カビの発生防止，屋内外の大気汚染や室内ダスト汚染物質への曝露防止などがあげ

表-1.7.1 喘息の発症・増悪因子

発症因子	
個体	(1) 家族歴および遺伝的要因, (2) 性差, (3) アレルギー素因, (4) 早産児・低出生体重児, (5) 肥満, (6) 気道過敏症
環境	(1) アレルゲン曝露, (2) 呼吸器感染症, (3) 喫煙, (4) 大気汚染（屋外, 屋内）, (5) 鼻炎, (6) 食物
増悪因子	
個体	(1) 過去の病歴 　気管挿管歴, ICU治療歴, 過去1年に1回以上の重篤な増悪 (2) 現在のコントロール状態 　1秒量低下, SABAの過剰使用, 喘息症状の残存, 咳感受性亢進, 好酸球増多（血中・喀痰中）, FeNO高値 (3) 治療薬の不適切使用, アドヒアランス不良 　吸入ステロイド薬の不使用, 吸入手技不良 (4) 併存症 　鼻炎・副鼻腔炎, 食物アレルギー, 肥満, 月経, 妊娠, 精神的問題・社会経済問題, 閉塞性睡眠時無呼吸, 胃食道逆流症, COPD (5) 運動ならびに過換気
環境	(1) 喫煙, (2) アレルゲン曝露, (3) 気象, (4) 大気汚染（屋内, 屋外）, (5) 薬物, (6) アルコール, (7) ビタミンD低下, (8) 呼吸器感染症

られる。

　二次予防は，アレルゲンに感作された後の喘息発症前の予防である。主として**表 -1.7.1** における発症因子の中の環境因子に対する予防策である。アレルゲンへの曝露防止，室内外の大気汚染や室内ダスト汚染物質への曝露防止，受動喫煙の防止など，一次予防と多くは同じである。

　三次予防は，すでにアレルギー疾患や喘息に罹患した後の症状の増悪防止である。一次予防や二次予防と同様に，アレルゲンは重要な増悪因子であり，アレルゲンへの曝露防止が予防策として重要である。そのためには，衛生的な居住環境の確保が重要となる。喘息にかかわる環境因子の改善点を**表 -1.7.2** に示す。いずれもアレルゲンへの発生や曝露防止である。これらの改善は，他の増悪因子も含めて包括的に実施することが重要となる。

表 -1.7.2 　喘息の環境因子の改善点

環境因子	改善点
寝具類	防ダニシートやカバーの使用，寝具類の洗濯と屋外での天日干しの励行
マットレス	マットレスの使用を避ける（木質フロアーが好ましい）
ソファ	皮革製のソファの使用（布地のソファーの使用を避ける）
ぬいぐるみのおもちゃ	使用を避ける（必要な場合は洗濯可能なものを使用する）
家具	容易に清掃可能な家具を使用
カーテン	カーテンの代わりにブラインドを使用（必要な場合は洗濯可能なものを使用）
ペット類	ほ乳類や鳥類を室内で飼育しない
電気掃除機	二層式集塵袋の電気掃除機を使用
観葉植物	室内で観葉植物を育てない
洗濯物	室内で干さない
暖房器具	石油やガス機器を使用する場合は排気管を用いて排気ガスを屋外に排出する
建築材料	有害性の高いアルデヒド類やフェノール類などの揮発性有機化合物，フタル酸エステル類，リン酸エステル系難燃剤を含む建築材料を使用しない
たばこ煙	室内で喫煙しない

◎引用文献（1.7）

(1) 東賢一：室内空気汚染対策に関する世界的動向と今後の対策，公衆衛生，78，pp.533-540，2014.

(2) Araki A, *et al.*：Phosphorus flame retardants in indoor dust and their relation to asthma and allergies of inhabitants. Indoor Air 24, pp.3-15, 2014

(3) Kräamer U, Heinrich J, Wjst M, Wichmann HE.：Age of entry to day nursery and allergy in later childhood. Lancet 353, pp.450-454, 1999

(4) Karmaus W, Botezan C.：Does a higher number of siblings protect against the development of allergy and asthma? A review. J Epidemiol Community Health 56, pp.209-217, 2002

(5) Riedler J *et al.*：Austrian children living on a farm have less hay fever, asthma and allergic sensitization. Clin Exp Allergy 30, pp.194-200, 2000

(6) Matricardi PM *et al.*：Hay fever and asthma in relation to markers of infection in the United States. J Allergy Clin Immunol 110, pp.381-387, 2002

(7) Gereda JE *et al.*：Relation between house-dust endotoxin exposure, type 1 T-cell development, and allergen sensitisation in infants at high risk of asthma. Lancet 355, pp.1680-1603, 2000

(8) Braun-Fahrläander C *et al.*：Allergy and Endotoxin Study Team, N Engl J Med 347, pp.869-877, 2002

(9) Bergroth E *et al.*：Respiratory tract illnesses during the first year of life：effect of dog and cat contacts. Pediatrics 130, pp.211-220, 2012

1.8 化学物質の健康影響

 生活の質の低下

　私たちが1日の多くの時間を過ごす住まいの環境は，時代とともに大きく変化している。もともと日本の家屋は温暖湿潤な気候・風土に適するよう，自然素材を用い，風通し良く作られていた。しかし1960年代の高度経済成長期以降，都市への人口集中と増大する住宅需要に応えるため，自然素材に代わり人工建材が使用されるようになった。また，石油価格の高騰を契機に省エネルギー対策として住宅の高気密化が推進された。さらに生活を豊かにする日用品にも石油等を原料とする化学製品が多く利用されるようになった。その結果，気密性の高い室内環境中に建材や日用品から揮発する化学物質が充満し，1990年代からシックハウス症候群や化学物質過敏症など化学物質に起因する健康障害が顕在化した。主

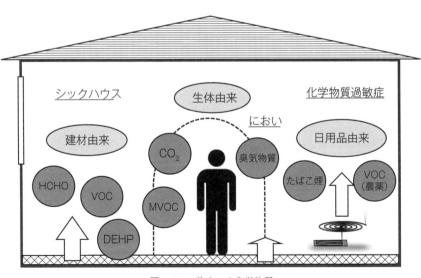

図-1.8.1　住まいの化学物質

な症状として，目・のど・鼻への刺激，手足の冷え，めまい，疲労感，発汗，不安感，意欲の低下，動悸，下痢，生理不順などがあり，死に至る病ではないが，この症状を訴える人は常に身体的・精神的な苦痛を抱えながら生活しなければならず，「生活の質」を著しく低下させてしまう。化学物質に対する感受性（耐性）には個人差があり，同じ量の同じ物質に曝露した時に何も影響が出ない人もいれば，著しく健康障害を訴える人もいる。住まいの環境にはさまざまな化学物質が存在し（**図 -1.8.1**），近年では微生物や人に由来する化学物質も臭気による不快感だけでなく，健康障害を与える可能性が示唆されている。以下，化学物質ごとに概説する。

❷ ホルムアルデヒド

ホルムアルデヒド（化学式：HCHO）は刺激臭を有し，目・のど・鼻への刺激，不快感，流涙，くしゃみ，咳，吐き気などの症状を引き起こす気体である。また，国際がん研究機構（IARC）ではホルムアルデヒドをグループ 1「ヒトに対して発がん性が認められる化学物質」としている。

ホルムアルデヒドの水溶液はホルマリンと呼ばれ，殺菌防腐剤として使用される。また，ホルムアルデヒドは，合板，木質系フローリング，パーティクルボードや中質繊維板などを製造する時の接着剤（ユリア樹脂，フェノール樹脂等）の原料として利用され，住宅の内装材として施工された後，建材から揮発して室内空気を汚染する。シックハウス症候群の原因物質の一つと考えられ，日本では室内濃度指針値（0.1 mg/m³）の設定，「学校環境衛生基準」の改訂，「建築基準法」の改正などの行政的対応がなされてきた。「建築基準法」(2003 年改正) では，シックハウス問題に対する建築上の配慮として，ホルムアルデヒド発散建材の使用面積制限，クロルピリホス（シロアリ駆除剤）の使用禁止，高気密・高断熱住宅における換気回数 0.5/h 以上の確保が定められた。また住宅メーカーにおいても新築住宅の引き渡し前に室内空気中濃度の検査を自主的に行う動きが広がっており，ここ数年，ホルムアルデヒドを主原因とするシックハウスの事例は減少している。ただし，持ち込んだ家具などからホルムアルデヒドが高い放散量で検出されることがあるので，引き続き留意が必要である。

　ホルムアルデヒドは空気中で容易に酸化されてギ酸（HCOOH）になる。ホルムアルデヒドはオゾンと窒素酸化物が関与する暗所でのラジカル反応により酸化され，紫外線は関与せず，気相よりも建材表面において反応が起こりやすい。メチルアルコールを摂取すると失明するのは代謝産物のギ酸の神経毒性が原因である。ギ酸の蒸気は皮膚や粘膜に強い刺激性があり，シックハウス症候群や化学物質過敏症との関連も示唆されている。

 揮発性有機化合物（VOC）

　揮発性を有する有機化合物の総称で，Volatile Organic Compounds の頭文字をとって VOC または VOCs と表記される。世界保健機関（WHO）では，沸点 50 – 100 ℃〜240 – 260 ℃の化合物群を VOC と定義しており，塗料やその溶剤に由来するトルエンやキシレン，防虫剤・殺虫剤の成分である *p* – ジクロロベンゼン，クロルピリホス，ダイアジノン，天然由来のリモネンやピネンなどが分類される。室内環境中では数十種類の VOCs が同時に検出されることがある。香粧品（香料や化粧品）は，個人のライフスタイルに大きく依存するため，VOC の一般的な発生源として取り上げられることは少ないが，これらの使用が原因で化学物質過敏症に罹患した例は少なくない。また，美容院等においてはパーマ液などが利用されており，刺激臭を有するものもある。

　一方，沸点 240 – 260 ℃〜380 – 400 ℃の有機化合物は，準揮発性有機化合物（Semi VOC, SVOC）と呼ばれている。フタル酸ジ – 2 – エチルヘキシル（DEHP）は，塩化ビニル等を柔らかくするために添加する可塑剤であり，常温常圧でわずかに揮発する。ただし揮発性が低く吸着性が高いことから，DEHP を含む製品や DEHP が付着したハウスダスト等からの経皮曝露，さらには乳幼児などが手についたハウスダストを口に入れて摂取する経口曝露も問題となっている。

 環境たばこ煙

　紙巻たばこから生じる煙には，能動喫煙者が吸い込む主流煙，吐き出す煙である吐出煙，たばこの燃焼部から生じる副流煙がある。紙巻たばこの煙には，数千

種類の化学物質が含まれており，とくに燃焼温度が低い副流煙中にはタール，ニコチン，発がん性物質などが比較的多く含まれている。環境問題として注視すべきは，吐出煙と副流煙からなる環境たばこ煙である。とくに非喫煙者が自ら望むことなく環境たばこ煙に曝露する受動喫煙あるいは二次喫煙が問題となる。また最近では，環境たばこ煙が内装材や家具などの表面，あるいはダストの表面に付着し，経皮曝露や経口曝露する三次喫煙という概念も提示されている。

　「望まない受動喫煙」を無くすため，受動喫煙防止に対する取り組みが強化されており，「健康増進法の一部を改正する法律」（2018 年）では，飲食店等の多数の人が利用する施設では喫煙所を除き原則屋内禁煙，子どもや患者のいる学校や病院等では原則敷地内禁煙などが定められた。一方，近年急速に「加熱式たばこ」が普及している。これは，たばこ葉を直接または水蒸気を用いて加熱し，生じたエアロゾルを吸入してニコチンを摂取する装置であり，吸引時のみ主流煙が発生し，副流煙がない（またはきわめて少ない）ことから，「望まない受動喫煙」の防止に寄与する可能性がある。主流煙として発生するエアロゾルは，水を主成分とする「水滴」であり，タールを主成分とする紙巻たばこのエアロゾルとは物性が異なる。しかしながら，物性が異なるがゆえに，加熱式たばこの能動および受動喫煙に伴う健康リスクは，エアロゾルに含まれる化学成分の大小関係だけでは測れない可能性がある。また有害化学物質の含有量は，従来の紙巻たばこに比べて少ないと考えられているが，未知・未確認の化学成分の存在も懸念され，加熱式たばこの安全性に関しては第三者的な評価が必要である。

❺ 微生物に由来する化学物質

　津波や高潮，集中豪雨，河川等の氾濫により，全国各地で住宅の浸水被害が発生しており，浸水した住宅では，水が引いた後にも「じめじめした状態」が続くことがある。室内環境における湿度の増加は，結露による建築物への影響に加え，微生物，とくに真菌（カビやキノコ）を発生させやすくする。カビはその増殖や代謝の過程で栄養分を分解し，いわゆるカビ臭の原因となるジェオスミン（ゲオスミンともいう）などの VOC を放散する。微生物に由来する VOC は，とくにMVOC（Microbial VOC）と呼ばれ，これらが原因となってシックハウス様症状

が現れることがある。また，MVOCはカビを視認できる以前から発生し，とくに成長期に放散量が増加することから，カビ臭さを感じたらカビが増えないよう掃除と湿気対策を心がけると良い。

 ## 6 皮膚ガス（体臭）

ヒト皮膚表面から放散される微量な生体ガスを「皮膚ガス」という。この皮膚ガスが空気中に拡散し，嗅覚閾値を超える濃度で嗅覚に到達した時に「体臭」として知覚される。体臭はヒトの快・不快感に影響することはあるが，ヒトに対して有害な健康影響を与える可能性についてはあまり知られていない。しかし近年，自分の皮膚ガス（体臭）によって周囲のヒトがくしゃみや咳などアレルギー様症状を発症すると主訴する人たちの存在がわかってきた。このような現象（または症状）はPeople Allergic To Me（PATM）症候群と呼ばれ，わが国では「パトム」と呼称される。PATMは周囲のヒトに影響が現れる点で自臭症（精神科領域）とは異なっており，科学的・医学的には未解明である。ただし，現実にPATMと呼ばれる現象（または症状）によって，退職・離職を余儀なくされるなど社会生活に支障をきたしている人が多く存在することは事実である。PATMを主訴する人たちの皮膚ガスを調べると，トルエンやキシレンのようなVOC，またブタナールやヘキサナールなど「焦げくさい」臭いを有するアルデヒド類が多く検出され，これら化学物質の皮膚からの発生メカニズムの解明，環境中への拡散濃度の推定により，PATMと呼ばれる現象（または症状）の実態が明らかになる可能性がある。

1.9 アレルギーと化学物質過敏症

　日常臨床において，「アレルギー」として「化学物質過敏症」患者さんが紹介されてくることに遭遇する。Gell & Coombs分類で表されるI型からIV型までのアレルギー反応（1.4参照）を「アレルギー」と定義するならば，化学物質過敏症は，アレルギーとは異なるメカニズムで発症しており，アレルギーではない。しかしながら，化学物質過敏症が，呼吸器症状，皮膚症状，消化器症状などといった多臓器症状を呈することから，気管支喘息や薬剤アレルギー，食物アレルギーと診断され，ステロイド薬や抗ヒスタミン薬で濃密に治療されていることがあるが，化学物質過敏症そのものには無効である。このような現状を改善するため，化学物質過敏症の病態解明や客観的診断基準の作成が世界的に求められているが，まだ確立されていない。以下，化学物質過敏症に関して概説する。

　化学物質過敏症は，多種多様な化学物質や環境条件からの微量な刺激で，非特異的な多臓器の症状を呈する疾患である。化学物質のみならず，さまざまな環境要因によって症状が誘発される。1999年，米国国立衛生研究所主催のアトランタ会議において「A 1999 Consensus（合意）」が公表され，①（化学物質の曝露により）再現性のある症状を認める，②慢性的症状，③通常では反応しない微量な曝露で症状が誘発される，④原因物質の除去で症状が改善する，⑤系統立たない関連性のない多様な物質に反応する，⑥多臓器症状を呈する，といった6項目を満たすとされる[1]。喘息，薬物アレルギー，片頭痛，慢性疲労症候群（筋痛性脳脊髄炎），線維筋痛症といった他疾患を合併している場合でも，合意基準6項目をすべて満たす場合は化学物質過敏症と診断する。

　化学物質過敏症の発症機序の仮説としてcentral sensitization（中枢性感作）という概念が考えられている[2]。病理学的メカニズムは明らかにされていないが，末梢神経からの信号が中枢神経（脳）に達した時点で，その信号が脳で増幅または抑制されず，通常より過剰な反応が引き起こされるという概念である。同様の「中枢性感作」が関与すると考えられている疾患には，線維筋痛症や慢性疲

労症候群, 過敏性腸症候群, などが考えられている。そして, これらの疾患は, 化学物質過敏症に合併しやすい疾患群でもあり, 化学物質過敏症診療のなかでしばしば遭遇する。化学物質過敏症において, 線維筋痛症は 10 %, 慢性疲労症候群は 10 %, 電磁波過敏症は 35 %に合併する [3]。また, 脳脊髄液減少症が合併することもある [4]。

　診断方法として, 現在世界的に用いられているのは The Quick Environmental Exposure and Sensitivity Inventory（QEESI）という質問票である。Q1 化学物質曝露による反応 /Q2 その他の物質に対する反応 /Q3 症状 /Q4 マスキング /Q5 日常生活の支障の程度の 5 セクションにわかれ, 各セクションに 10 個の質問があり, スコア化される。石川らにより日本語版が作成されており, 英語版との妥当性が北條らにより検証されている [5]。最近では, この簡易版が作成されており [6], 日本語版の作成と相同性の確認がまたれる。

　診療上問題になるのは, 歯科治療や全身麻酔時に, 化学物質過敏症やアレルギーに詳しい医師が不在の病院等では, 治療の逡巡が起こることである。一般的な薬剤アレルギーであれば, 負荷試験が有効であるが, 化学物質過敏症では, プラセボ（偽薬）にて症状が誘発されることがある。さらには, 薬剤負荷試験にて病状が悪化することがあり, 薬剤負荷試験は回避すべきである。合併する他疾患の治療に必要不可欠な薬剤は, 10 分の 1 程度の量から漸増するとよい。「重症薬剤アレルギー」・「重症喘息」・「重症食物アレルギー」といった患者群の中に, 化学物質過敏症患者さんが埋もれてしまっている現状があり, この場合, 不要な全身性ステロイド薬が投与されてしまっているケースも見受けられる。無用な薬剤投与によるさらなる増悪を避けるため,「重症薬剤アレルギー」・「重症喘息」・「重症食物アレルギー」とされている患者さん群から, 適切に化学物質過敏症を鑑別することが重要である。

◎**参考文献（1.9）**

[1] Bartha LJAEH.：Multiple chemical sensitivity, a 1999 consensus. 1999, 54, pp.147-149
[2] Yunus M.：Central sensitivity syndromes, a unified concept for fibromyalgia and other similar maladies. J Indian Rheum Assoc 2000, 8（1）, pp.27-33
[3] De Luca C, Raskovic D, Pacifico V, *et al*.：The search for reliable biomarkers of disease in multiple chemical sensitivity and other environmental intolerances. International journal of

environmental research and public health 2011, 8 (7), pp.2770-2797. doi/10.3390/ijerph8072770

[4]　中里直，北條祥，菅野洋，*et al.*：薬剤師から見た脳脊髄液減少症の感覚・免疫過敏症―4つの中核症状に関する221例の検討―，自律神経 2022, 59 (1), pp.132-143. doi/10.32272/ans.59.1_132

[5]　Hojo S, Kumano H, Yoshino H, *et al.*：Application of Quick Environment Exposure Sensitivity Inventory (QEESI) for Japanese population：study of reliability and validity of the questionnaire. Toxicology and Industrial Health 2003, 19 (2-6), pp.41-49. doi/10.1191/0748233703th180oa [published Online First：2005/02/09]

[6]　Palmer RF, Jaén CR, Perales RB, *et al.*：Three questions for identifying chemically intolerant individuals in clinical and epidemiological populations：The Brief Environmental Exposure and Sensitivity Inventory (BREESI). PloS one 2020, 15 (9), e0238296. doi/10.1371/journal.pone.0238296 [published Online First：2020/09/17]

1.10 アレルギー疾患の治療法

　室内環境アレルゲンは，主に，室内塵ダニ（house dust mite）・真菌アレルゲン・動物アレルゲンである。以下に，各種アレルゲンに伴うアレルギー疾患の治療法を説明する。

1 室内塵ダニ

　ダニアレルギーによるアレルギー性鼻炎・気管支喘息には，抗ヒスタミン薬や吸入ステロイド薬といった対症療法以外に，ダニアレルゲン免疫療法が選択肢として存在する。アレルゲン免疫療法とは，アレルギー疾患の原因抗原を少量から漸増し投与していくことで，アレルゲンにより引き起こされる症状を軽減する治療法であり，錠剤を用いた経口（舌下）免疫療法と注射を用いた皮下免疫療法が存在する。経口（舌下）免疫療法は現状，アレルギー性鼻炎のみに適応があり，皮下免疫療法はアレルギー性鼻炎・気管支喘息に適応がある。いずれも3～5年の継続をした場合，治療終了後も，年余にわたって効果が期待される。小児期の単独アレルゲン感作型アレルギー性鼻炎患者においては，免疫療法により気管支喘息の発症予防効果が示されている。

2 真菌アレルゲン

　真菌は，高温多湿な環境で発育し，寝具・エアコン・観賞用植物の土などで，とくに増殖しうる。室内の主要な真菌は，ペニシリウム（アオカビ），クラドスポリウム（クロカビ）で，梅雨から9月の増加を認める。アスペルギルスは，至適発育温度が体温に近く，胞子が小さいことから，気道内に定着し，アレルギー性気管支肺真菌症に関与する。治療に関しては，ステロイド内服や抗真菌薬内服などが用いられる。

③　動物アレルゲン

　ネコ・イヌへのアレルギーが問題となることが多いが，抗ヒスタミン薬やステロイド点鼻薬といった対症療法のみが，現状保険適応となっている。免疫療法に関しては，日本アレルギー協会抗原研究会では，1977（昭和52）年から抗原研究会会員医師の要請により，ネコ・イヌを含めた各種アレルギー抗原の輸入代行を行っている。この治療用エキスを用いて，各病院・クリニックの規則に則り，皮下免疫療法が可能な施設がわが国にもある。

室内環境とアレルギー
—環境アレルゲンの特徴と室内での実態

2

2.1 カビとアレルギー

1 カビの種類と特性（1）——カビの種類

■カビの特徴と種類

　カビとは，真菌の一群であり，真菌にはカビ以外に酵母，キノコが含まれる。この中で住環境に危害を及ぼす主な菌群は，カビであり，主な種類は，数百種程度と推定される。

　カビは発生源を土壌とし，土壌から空中を介してさまざまな場所に飛散する微生物である。このようにカビは，屋外から生活する屋内へと飛散してくる。

　カビの性質として，以下のように解釈することができる。

　カビの持つ性質を以下に示す。① カビは自然界に普遍的な生態分布をとる。② 高等な微生物である。③ 発生源は土壌である。④ 微量な有機物や無機物を分解する。⑤ 複雑な生活環をとる。⑥ 乾燥下でも中長期生残する。⑦ 発生することで不活化に困難を伴うことが多い。⑧ 人にとって有害または有益である。

■カビの形

　カビを構成する組織・細胞の基本は，胞子と菌糸である（**図 -2.1.1**）。

胞子：生殖細胞である。胞子には1細胞で構成される単細胞性と複数の細胞で構成される多細胞性がある。また生殖法により無性生殖と有性生殖に分けられる。例えば無性生殖では不完全菌があり，有性生殖では子のう菌がある。胞子が発芽すると菌糸になる。

菌糸：カビの養分や排せつを行う組織である。カビの発育は胞子から菌糸が伸長し，さらに複雑な菌糸体となる。さらに成長して肉眼で見えるようになる。

　カビは胞子あるいは菌糸から発生する。自然界ではカビは胞子または菌糸で活性を維持している。胞子または菌糸が発生する機序は同じで発芽により伸長する。それが菌糸体となり基質内では菌糸が食い込むように基質表面の内部に沿って伸

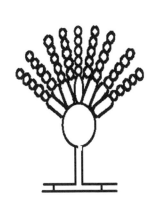 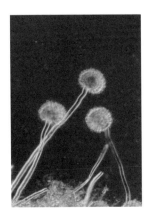

図 -2.1.1　カビの形 *Aspergillus* 胞子と菌糸

長する。一方，基質表面では菌糸体構造がより複雑となり，カビにとって適環境になると胞子を産生するようになる。その後成熟した胞子は空中に飛散する。

　飛散した後のカビの胞子は，適した環境や基質にあると**図 -2.1.2** のように胞子から発芽し，さらに菌糸形成し，成熟菌糸体の先端から新しく胞子産生する。一方，適さない環境や基質にある胞子は，数か月以上生残し続ける。

■**なぜ生える**

　カビが生える条件として主に湿度，温度，空気，養分がある（**図 -2.1.3**）。

湿度：カビは活性を維持するために適度の湿度が必要となる。とくにカビの仲間

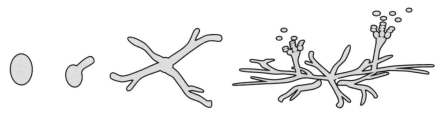

胞子→発芽する→菌糸の伸長→胞子産生し飛散する

図 -2.1.2　カビの発生から成長

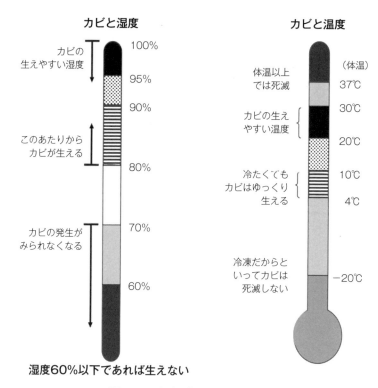

図 -2.1.3 カビの生えやすい湿度と温度

の多くは湿度 80 ％以上で生え始める。梅雨時や結露で発生するカビは 90 ％
以上になると速やかに生える（好湿性カビ）。また，80〜90 ％で生えやすいカ
ビもある（耐乾性カビ）。環境によってはさらに低い 60〜70 ％でも時間を要
して発生するカビもある（好乾性カビ）。60 ％以下ではカビの発生はない。

温度：温度として 20〜30 ℃が一般に生えやすい。低温の 20 ℃以下の冷蔵下では
　　ゆっくりと生えることができる。冷凍では生えることはなく，また死滅もしな
　　い。

空気（酸素）：カビは絶対好気性微生物である。そのため空気のあるところでは
　　条件が揃えば生えることができる。物の表面側で生えやすいのは空気（酸素）
　　があるからである。

養分：カビは生活環境にある無機質や有機物（例　皮革，繊維，金属，樹脂など）

といった微量の養分があれば発生する。

■住環境の主なカビとその特徴

Aspergillus（コウジカビ）：自然界には普遍的に分布する代表的なカビである。

　住環境では，やや乾燥気味なところやもの（和室，押し入れ，衣類，皮革品，エアコンなど）で長期生息し，やや湿度が高くなりはじめると発生することが多い。

　Aspergillus の発育は，30℃より高温が至適となり，*A.fumigatus* のように40℃以上でより発育が速やかな種もある。他に主な菌種として *A. niger*，*A. flavus*，*A.versicolor* などがある。

　有害性では基質劣化，感染症，アレルギーと深くかかわる。

Penicillium（アオカビ）：*Aspergillus* とほぼ同様の分布や性質である。普遍的な分布をとる。乾燥に強く，中温性で 20〜30℃を至適とする種が多い。

　住環境の多くの場所やもの（畳，ダスト，押し入れ，床下収納，和室，衣類，木製品など）や室内空中で主要なカビ種である。

　Penicillium の性状はほとんどの種で同じであり，発育のための相対湿度は90％前後にあり，pH，酸素要求性，汚染性も似ることが多い。

　有害性では基質の劣化，変色，臭気，アレルギーとかかわる。

Cladosporium（クロカビ）：屋外，屋内共に最も普遍的なカビ種である。

　屋外や屋内の空中に多く，総カビ数の 2〜5 割を占める。

　住環境で，湿性かやや湿性となりやすい場所やもの（浴室，洗面所，トイレ，台所，押入れ，空室，北側部屋，結露壁，皮革，衣類，紙類など）がある。

　中温性で 20〜30℃を至適とし，温度に対して敏感なカビである。

　30℃を越えると活性が極端なほど衰えはじめ，35℃以上では逆に死滅しはじめる。相対湿度 95％以上で著しく発育する。乾燥や紫外線で死滅しやすい。

　有害性は，劣化とアレルギーに関係する。住環境で黒く汚れてくる場合の多くは *Cladosporium* であり，浴室の目地，台所の床マット，壁面結露の黒染部，衣類の黒点様のシミ，汚れなどは本菌による。住環境での事故が多いことから *Cladosporium* は，汚染指標カビとなる。多量汚染の場合，アレルゲン性が重視される。

Alternaria（ススカビ）：*Cladosporium* の分布する環境に多い。とくに湿性環境に広く分布する。

　浴室，台所の湿った基質，結露壁などがその例であり，発生すると黒褐色から黒色（スス）を呈す。空中にもやや多い。

　中温域でよく発生し，さらに35〜37℃でも発芽する。乾燥には弱いが，薬剤，紫外線，オゾンに対し抵抗性を示す。

　有害性は劣化と胞子が20〜40 μm と大きいため鼻粘膜で鼻炎などのアレルギーにかかわる。

Fusarium（アカカビ）：水系を含めた湿性環境に多く，また植物病原性カビとして知られる。住環境では浴室や台所の排水溝，床材，たまり水で認める。

　中温性，好湿性カビである。乾燥下では，厚膜胞子形成し耐久性を示すことから，薬剤に抵抗性を示すことがある。

　有害性は劣化，日和見感染症，さらにアレルギーと関連する。

好稠性カビ（*Osmophilic fungi*）：高浸透圧環境または基質にあって十分発育可能とするカビ群をまとめて好稠性カビという。その中で乾燥下でも発育する好乾性カビがある。例えば住宅では長期保管した器物などに発生する仲間である。

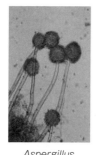

Aspergillus　　　　*Penicillium*　　　　*Cladosporium*

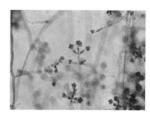

Eurotium　　　　*Alternaria*　　　　*Trichoderma*

　　　　図-2.1.4　アレルギーと関わるカビ

このようなカビとして *Eurotium*（カワキコウジカビ），*Aspergillus restrictus*（好乾性コウジカビ），*Wallemia*（アズキイロカビ）などが普遍的にみられる。

住環境では，レンズ，プラスチック，紙類，タタミ，ダスト，皮革などに多い。好稠性であることから，さまざまな基質で長期にわたり生存し，適度な条件が加わると時間を要して器物内に発生する。

本菌群は，乾燥に強いことから，相対湿度 65〜90 ％で発育する。

温度は 20〜30 ℃範囲で発育し，30 ℃を越えると不活化されるようになる。

有害性は，高浸透圧基質に対し劣化を起こすことである。

❷ カビの種類と特性（2）
——住まい中のカビによるヒトの健康への影響とその汚染特性

■真菌によるヒトの健康への影響

2009 年に WHO（世界保健機構）は Dampness and Mould（ダンプネスとカビ）に関する室内空気質のガイドラインを公表し，微生物汚染は室内空気汚染の重要な要素であることを示している。近年居住環境における真菌の汚染と居住者の健康影響の関係について国際的に注目が集まっている。

真菌によるヒトの健康への影響は経皮，経口，吸入によって引き起こされる。また，ヒトの健康に対する真菌の影響は，真菌が病原体となるもの，真菌から生産する毒素（マイコトキシン）が原因となるもの，および真菌そのものがアレルゲン（アレルギーの原因物質）となるものがある。真菌が原因となる疾患には，① 真菌症（真菌性疾患），② マイコトキシン中毒症（カビ毒中毒症，または真菌中毒症），および③ 真菌過敏症（アレルギー性疾患または過敏性反応）がある[1]。イタリアで行った大規模の疫学調査の結果では，アレルギー患者のうち約 20 ％が少なくとも 1 種の真菌に対してアレルギー反応を示すことが明らかになっている[2]。

真菌にはカビ，酵母，キノコが含まれる。以後では，健康影響を言及するときに，真菌を用いるが，環境中の挙動を示す場合など，便宜上真菌をカビと称す。

■カビ増殖のメカニズム

カビは，栄養分，酸素，温度，水分などの環境条件が整えば，経時的に増殖する（図 -2.1.5）[1]。

柳らはカビの菌糸の形成から胞子の成長までの7段階の評価指数MMI（Mould multiplication index，カビ増殖指数）を提案し，木材表面での増殖特性のモデルを提案している。**図 -2.1.6** に *Penicillium pinophilum*（アオカビ）の顕微鏡写真を示す[3]。

図 -2.1.7 はアオカビの増殖特性を示す。柳らによると，一般環境中で検出頻度が最も高く，かつコロニー形成方法の異なるクラドスポリウム，ペニシリウム，

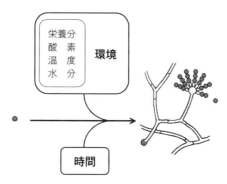

図 -2.1.5　真菌の発育条件

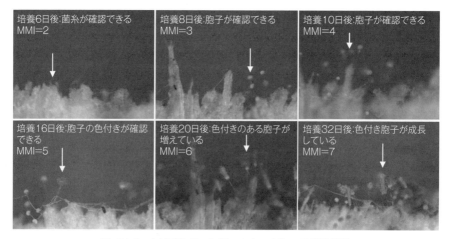

図 -2.1.6　木材での *Penicillium pinophilum* の増殖状態

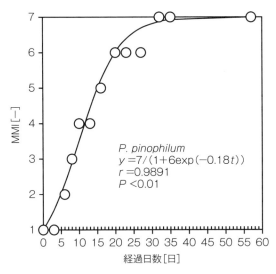

$P.\ pinophilum$
$y = 7/(1+6\exp(-0.18t))$
$r = 0.9891$
$P < 0.01$

図 -2.1.7 カビ増殖指数の経日変化

アスペルギルスの3種類と，木材でよく生育するケトミウムの4種類を用いて検討を行った結果，何れのカビの増殖速度も，S字曲線（シグモイト曲線）に従うことが明らかになった。カビも細菌と同様に，その生育過程には誘導期，対数増殖期，定常期，死滅期がある[3]。

■室内におけるカビ増殖の実態と健康影響

カビに関して，室内にさまざまな発生源がある（**図 -2.1.8**）。また，室内のカビ濃度は，外気からの侵入，室内での発生，住まい方，空調・換気設備などによって大きく変わる。カビの増殖に諸条件が必要であることは前述の通りである。

■空調機におけるカビ増殖

柳らは業務用の空調機（エアハンドリングユニット）[4]とルームエアコンと同じ原理のパッケージエアコン内[5]のカビ増殖特性を定量的に評価した。その結果，相対湿度70％以上の累積頻度，すなわち相対湿度が70％以上に保たれる時間の長さが微生物の生育状況を左右し，その累積頻度が30％を超えると微生物の生育速度はそれに比例して速くなる（**図 -2.1.9**）[4]ことが明らかとなった。

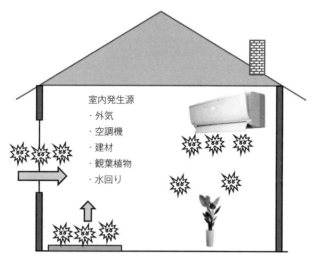

図-2.1.8　室内真菌の発生源

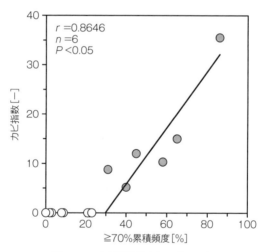

図-2.1.9　カビ増殖速度と湿度の関係

　空調機内でカビは増殖すると，カビを室内に放出し，居住者の健康に影響を及ぼす。安藤が発見した夏型過敏性肺炎は空調機内で増殖した真菌（酵母：トリコスポロン）を反復吸入することが原因であるとされている[6]。

■ハウスダスト中のカビ

　ハウスダストについての科学的な研究を最初に行ったのは，顕微鏡を考案した
オランダ人のアントニ・バン・レーウェンフックであり，貯蔵食品性ダニ類の生
殖習性を調べるのが契機であった。320年前（1694年）のことであった[7]。

　家屋内のダスト（ハウスダスト）中の微生物が見つかるようになったのは，
1970年前後であり，それは現代の居住環境の気密性・断熱性の向上により，室
内の温熱環境は季節を問わず微生物の生息にとって好条件になっているためであ
る。今日，アレルギー性喘息といえばハウスダストが連想されるほど，ハウスダ
ストが有名になっている。アレルギー性喘息の主な原因はハウスダスト中のチリ
ダニ科のヤケヒョウヒダニとコナヒョウヒダニの糞，虫体からなるアレルゲンで
あるとされているが，カビアレルゲンも無視できない。近年ではハウスダストを
一括りで，ハウスダストとヒトの健康影響の関係についての疫学調査研究が行わ
れている。図-2.1.10に床面の堆積カビの測定例を示す[8]。

　図-2.1.11に堆積真菌量と相対湿度の関係を示す[9]。ケース群はアレルギー様
の症状があるグループ，コントロール群は無症状のグループである。空中の相
対湿度が60％以上になると，相対湿度の上昇に比例して堆積真菌量が多くなる。
また，コントロール群に比べ，ケース群の堆積真菌量が多いことがわかる。なお，
他の研究では，空中より床面の相対湿度は約10％が高い例がみられた[8]。

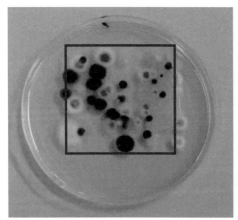
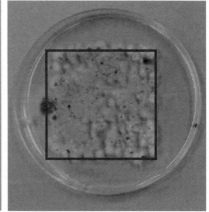

図-2.1.10　付着カビ（テープ法：直接転写）

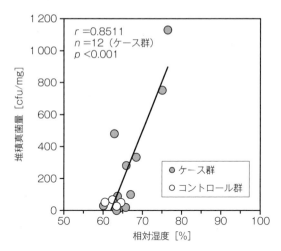

図 -2.1.11　堆積真菌量と相対湿度の関係

■住環境のカビ汚染対策方法

　カビの胞子は粒子状微生物であるため，微生物に対する対策と，粒子状物質に対する対策の両方が重要となる。微生物としてのカビに対する対策は温湿度制御によるその増殖の抑制と，殺菌や静菌などの方法が用いられる。粒子状物質としての対策は下記に示す通りである。

　室内空気中の浮遊カビの濃度は，空中へのカビの発生量，それを希釈するための換気量，除去するためのフィルタの捕集性能などのバランスによって決まる。換気量の確保と空気清浄機などを用いた空気の浄化が有効な対策になる。また，換気はカビ濃度を希釈するだけではなく，室内の余分な水蒸気を排出する効果もある。住環境における換気の重要性は，1859 年に出版されたナイチンゲールの看護覚書にすでに指摘されていた。163 年が経ても，健康な住環境に関する基本原則は変わらない。

◎引用文献（2.1（2））

（1）　柳宇：健康・快適な住宅づくりのチェックポイント，pp.30-33, オーム社 , 2013
（2）　Martin,C.J., Platt,S.S. and Hunt,S.M. : Housing conditions and ill health, Br. Med. J. 1987, p.294
（3）　柳宇 , 鍵直樹 , 大澤元毅：木材表面におけるかび増殖特性の評価方法 , 日本建築学会環境系論文集 , 78（689）, pp.589-593, 2013

(4) 柳宇, 池田耕一：空調システムにおける微生物汚染の実態と対策に関する研究－第1報 微生物の生育環境と汚染実態, 日本建築学会計画系論文集, 593, pp.49-56, 2005

(5) 柳宇, 鍵直樹, 大澤元毅, 池田耕一：個別方式空調機内におけるカビ増殖特性に関する研究, 空気調和・衛生工学会論文集, 218, pp.31-38, 2015

(6) Ando M.：Summer-type hypersensitivity pneumonitis. In：Sharma Om P ed, Lung disease in the Tropics, Lung Biology in health and disease 51, Marcel Dekker, New York, pp.449-478, 1991

(7) ハウス・ダストの生物学, 西村書店, 1990

(8) 柳宇：ハウスダスト中のカビ, 空気清浄, 52（3）, pp.29-33, 2014

(9) 柳宇, 吉野博, 長谷川兼一, 他9名：居住環境における健康維持増進に関する研究 その22, 居住環境と児童の健康障害との関連性に関する調査研究（9）, 住宅の室内環境に起因する健康影響に関する実測調査（Phase3）での真菌測定結果, 2010年日本建築学会大会学術講梗概集, pp.1115-1116, 2010

2.2 ダニとアレルギー

1 ダニの種類と特性（1）
——ダニ類の概要と住居内に生息するダニ類について

■ダニという生物

　地球上には膨大な数のダニ類が生息している。ダニ類の多くは大きさが数ミリ以下というきわめて微小な生物であるため，今まで動物や農産物に害を及ぼす一握りのもの以外はあまり知られていない。しかし，ダニ類は昆虫に匹敵する生物群で，その存在意義についても注目されはじめている。現在分かっているダニの種類は約5万種といわれているが，未確認のものはその10倍以上になると推定される。

　ダニ類は分類学的には節足動物門の蜘蛛綱に属し，ダニ目に位置づけられている。それらは7つの亜目（無気門，前気門，中気門，ササラダニ，マダニ，カタダニ，多気門）に分類されている。

　ダニ類の形態を理解するうえでよく比較されるのが，昆虫類の形態との比較である。**図-2.2.1**に示すように，一般的に昆虫類は，頭部，胸部，腹部の3つに分かれ脚が6本であるのに対して，ダニ類の基本的な形態は頭・胸・腹が一体でだ円形を成し，口器だけが前方に突き出ており，脚が8本である。一方，クモ

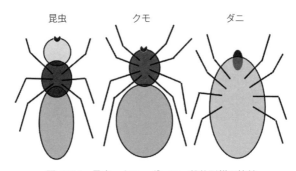

図-2.2.1 昆虫，クモ，ダニの一般的形態の比較

類は頭・胸部と腹部の2つに分かれ脚が8本であることから，形態的にはダニは
クモに近く，昆虫とは明らかに区別される。

　ダニ類の形態は種類によって千差万別であるが，さらに複雑なのは同じ種類の
ダニであっても一世代でいろいろと変態を行う。そのため，その発育過程によっ
ては体部構造が著しく変化する。まず，生み落とされた卵は幼虫，若虫，成虫の
順に変態し，とくに脚の数は幼虫期で6本なのに対して，若虫，成虫期では8本
になるのが特徴である。また，雄と雌とでその形態が著しく異なるものも多い。
さらに，ダニ類の中には，成虫の脚が2本しかないものも存在し，形態的にもそ
の多様性がうかがえる。

■住居内に生息する主なダニ類

　わが国の室内塵中から検出されたダニの種類は100種以上が確認されているが，
実態調査では40〜50種類のダニがよく見出される。これらのダニ類は野外に生
息している種類とは異なり，住居内や室内塵に固有のダニ類と考えられる。しか
し，野外に生息している種類が人を含む動物や植物，さらに家具などに付着して
持ち込まれたり，風などに乗って住居内に運び込まれたりすることも多く，室内
塵中のダニを考える場合には，住居内外の複雑なダニ類の生態背景を配慮しなけ
ればならない。ただ，野外性のダニ類のほとんどは住居内で長期間生き続けるこ
とができないため，住居内に住みつくことはない。

　住居内で最も数多く見出されるダニはチリダニ科に属し，それらは室内塵中の
総ダニ数の50〜90％を占め，わが国ではヤケヒョウヒダニと コナヒョウヒダニ
の2種類がそのほとんどを占めている。これらの種類は世界各地の室内塵から見
出される住居内特有のダニで，シワチリダニなどとともにハウスダストマイトと
呼ばれている。これらのダニはアレルギー性疾患のアレルゲンとして重要である。

　その他，室内塵中からよく見出されるダニ類として，コナダニ類，ニクダニ類，
ホコリダニ類，ササラダニ類のほか，捕食性のツメダニ類，中気門類などが挙げ
られる。これらのダニ類は，住居内の環境条件によってチリダニよりも多数を占
めたり，時には異常に増殖して苦情の原因になったりすることも少なからず報告
されている。

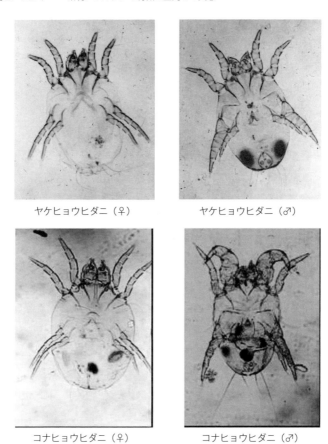

ヤケヒョウヒダニ（♀）　　　　　　ヤケヒョウヒダニ（♂）

コナヒョウヒダニ（♀）　　　　　　コナヒョウヒダニ（♂）

図-2.2.2　チリダニ科ヒョウヒダニ属の2種（顕微鏡写真：雄・雌）

■住居内のダニ類の発育と繁殖

　チリダニ科のダニ類の発育史については，松本らの一連の飼育実験によって
おおむね理解できる。それによると，ヤケヒョウヒダニ（英名 European house
dust mite（*Dermatophagoides pteronyssinus*）（D.p.）とコナヒョウヒダニ（英名
American house dust mite（*Dermatophagoides farinae*）（D.f.）は卵から成虫に
至るまで20日〜30日を要し，それらの発育期間は高温になると短く低温では長
くなる。また至適湿度条件より外れると長くなる。それらの寿命は至適条件下で
3か月から1年も生存し，雌は雄より長寿であるという。

　雌の産卵数は通常1日に1～4個で，多いときには7個も生むことがあり，1匹の総産卵数は80～100個といわれている。

　チリダニの至適温度はD.p.とD.f.ともに25～30℃であるのに対して，至適湿度はD.p.とD.f.で差異が認められ，前者が70～85％，後者は60～75％である。そのため，両種間の至適湿度の差が住居や地域における両種の優位性を左右する。例えば，湿度の高いヨーロッパではD.p.が優位であるのに対して，比較的湿度の低い北米ではD.f.が優位で，これらの差は各地域の地理的分布に反映している。わが国でも沖縄県ではD.p.がきわめて優位なのは，地域特有の気候や住居環境と関係している。また，わが国では近年の温暖化の影響でD.f.が増加傾向にあり，さらに首都圏ではヒートアイランド現象により，その傾向がより顕著になっている。

　一方チリダニ以外のダニ類については，コナダニ類の至適湿度が80～95％と上述したヒョウヒダニ属に比べて高い。そのため，湿度が高い新築時にはコナダニ類による異常発生の被害が度々報告されている。その他のダニ類も高温多湿の条件を好むものが多いため，夏季に増加するものが多い。しかし，イエササラダニのように秋季に増加するものやイエニクダニのように高湿で比較的低温度条件を好む種類は冬季に増加傾向を示すものも認められる。

◎参考文献（2.2（1））

[1]　佐々学 編：ダニ類，東京大学出版会，東京，1965
[2]　江原昭三：日本ダニ類図鑑，全国農村教育協会，東京，1980
[3]　Hughes E. S.：The mites of stores food., Tech.Bull. No.9, Ministry of Agriculture, London, 287 pp., 1961
[4]　松本克己，岡本雅子，和田芳武：コナヒョウヒダニ，ヤケヒョウヒダニの生活史に及ぼす湿度の影響，衛生動物，37，pp.79-90，1986
[5]　大島司郎：室内塵中の日本産チリダニ属（Mealia）3種について，衛生動物，19，pp.165-191，1968
[6]　高岡正敏（宮本昭正 編）：住環境の変化−ダニ数の関係 アレルギー性疾患は増えているか，国際医学出版，東京，pp.54-57，1987
[7]　高岡正敏（高野，前田，長田 編）：セミナー健康住居学，住居内のダニとその問題，清文社，東京，pp.105-130，1987
[8]　高岡正敏：住居内にけるダニ類−住環境とダニ疾患−八十一出版，東京，2008
[9]　高岡正敏：総説−わが国における室内塵ダニ調査と検出種の概観，日本ダニ学会誌，9（2），pp.93-103，2000
[10]　Voorhorst, R., M.I.A.Spieksma-boezoma and F.Th.M.Spieksma：Is a mite（*Dermatophagoides sp.*）the producer of the house dust allergen?, Allerg.Asthma, 10, pp.329-334, 1964

[11]　Wharton G. W.：House dust mites. J.Med. Entomol.12, pp.577-621, 1976

② ダニの種類と特性（2）——ダニと住まい

■アレルギーの原因となるダニ

　ダニの中でアレルギーの原因となるのは主にチリダニであり，大きさはダニ成虫で約 0.3～0.4 mm である。チリダニが排泄する糞やダニの死骸がアレルギーの原因となる。チリダニで代表的な種類であるコナヒョウヒダニとヤケヒョウヒダニはハウスダスト（室内のほこり）の中にあるヒトのフケなどを主なエサにしている。刺咬症の原因になるイエダニやツメダニとは違い，人を刺したり吸血することはない。

　チリダニはヒトや動物のフケ，カビ，食品クズ等を食料とし，布団，畳，床の敷物，ソファ，ぬいぐるみ等を産卵・繁殖の場としている。温暖で湿気の多い気候を好み，気温が 25 ℃，湿度が 75 ％前後のときによく繁殖するため，日本のような温暖で湿度が高くなる梅雨から夏季の環境ではダニは非常に繁殖しやすいと考えられる。

■ダニアレルゲン

　これらの虫体の破片や排池物には多くのアレルゲンとなるタンパクが含まれており，ヒトにおいて主要なダニアレルゲンと考えられているものは主に下記の 2 つのグループがある。

　コナヒョウヒダニとヤケヒョウヒダニから分離された Der f 1，Der p 1 の 2 つのアレルゲンはよく似た抗原性があるため，1 つのグループアレルゲンと考えられる（補注）。そのため，それぞれのダニから分離されたアレルゲン Der f 1 と Der p 1 を合わせたものを Der 1 として 1 つのグループとする。このグループ 1 アレルゲンは分子量 25 000，熱に不安定で等電点電気泳動では不均一性を示すタンパクである。また，このアレルゲンは主に排泄物分画に多く認められ，システインプロテアーゼ活性を持つ消化管酵素であると考えられる。ヒトのダニアレルギー患者の 90 ％以上がこのアレルゲンに対する IgE 抗体を保有している。

　コナヒョウヒダニとヤケヒョウヒダニから分離された Der f 2，Der p 2 も交

差性があるため，1つのグループアレルゲンと考えられ，グループ2アレルゲンと呼ばれる。このアレルゲンはダニ虫体に主に存在し，分子量14 000，熱に安定な物質で，ダニにおける本来の機能は明かではない。Der 1と同様にヒトのダニアレルギー患者の90％以上が，このアレルゲンに対するIgE抗体を保有している。

■ダニアレルゲンの測定

上述したようにダニの主要アレルゲンとして，ヒョウヒダニからDer 1とDer 2が分離され，主に解析されている。また，それぞれDer 1とDer 2に対する抗体が作製され免疫学的測定が可能となっている。実用的にはDer 1アレルゲンだけを測定し，ダニアレルゲン汚染度の指標としている。

上述したようにアレルギーの原因になるチリダニは温暖で湿気の多い気候を好むため，一般の家庭家屋では梅雨ごろから夏にダニは増殖する。そのため，室内塵中のダニアレルゲン（Der 1およびDer 2）量が増加するが，低温・低湿度の冬から春にかけてこれらのアレルゲン量は減少する（**図 -2.2.3**）[1]。このように室内のダニアレルゲン量は季節変動することが判っている。しかし，最近の高気密化，高断熱化された建物では，冬でも温度・湿度が一定のレベルに保たれやすくなっている。その場合，季節変動が少なくなり，1年中ダニアレルゲンが多い環境になっていると考えられる。

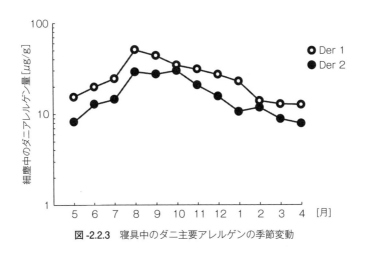

図 -2.2.3　寝具中のダニ主要アレルゲンの季節変動

補注

アレルゲンの命名法：アレルゲンの命名はアレルゲンの由来する動植物の学名の属名の3文字と種名の1文字をアルファベットで表記し，次に精製された順に従ってアラビア数字を付して表記することになっている。コナヒョウヒダニ（*Dermatophagoides farinae*）に由来するアレルゲン Der f 1 を例にして説明すると，Der は属である *Dermatophagoides* の最初の3文字，f は種の farinae の最初の1文字，1は1番目に精製同定されたことを意味している。

◎引用文献 （2.2 (2)）

(1) Miyazawa H, Sakaguchi M, Inouye S, Ikeda K, Honbo H, Yasueda H, Shida T. : Seasonal changes of mite allergen (Der I and Der II) concentrations in Japanese homes. Ann Allergy Asthma Immunol 76, pp.170-174, 1996

◎参考文献 （2.2 (2)）

[1] Fernández-Caldas E, Puerta L, Caraballo L, Iraola V, Lockey RF. : Mite allergens. In : Lockey RF, Ledford DK, eds. Allergens and allergen immunotherapy. 6th ed. Boca Raton : CRC Press, pp.213-235, 2020

[2] 公的機関のアレルゲン情報サイト：WHO と International Union of Immunological Societies （WHO/IUIS）におけるアレルゲン命名委員会（Allergen Nomenclature Sub-committee）のホームページ http : //www.allergen.org

[3] 最新のアレルゲン情報サイト：欧州連合（EU）からの助成金で運営されている Allergome のホームページ https : //www.allergome.org

③ ダニアレルゲンの実態と防御

■室内環境改善としてのダニアレルゲン対策

　ダニアレルギー対策として積極的な室内環境改善（ダニアレルゲンの回避）はアレルギー症状軽減に効果があると報告されており，室内環境改善が成功して大幅に室内アレルゲンが低下したときに患者の症状も改善する傾向にある。海外でもダニアレルギー対策として室内環境改善が行われている。ダニアレルゲンに対する的確な環境整備を行い，環境中のアレルゲンを減少させることにより，アレルギー患者の症状の軽減に成功すると考えられる。

　ダニアレルギー患者は生き物としてのダニに曝露されるのではなく，ダニ由来のアレルゲンタンパクに曝露されている。すなわち，ダニ数ではなくダニアレルゲン量を測定することが，環境汚染の指標になる。ダニアレルゲン量は主要アレ

表-2.2.1 喘息の危険因子としてのダニアレルゲン量

室内塵1グラムあたりのDer 1量	
2 μg	感作の閾値
10 μg	喘息発作誘発の閾値

ルゲンである Der 1 の場合，ヤケヒョウヒダニの Der p 1 と，コナヒョウヒダニの Der f 1 をそれぞれ測定し，合計したものを Der 1 として表す。喘息の危険因子としてのダニアレルゲン量を表-2.2.1に示す[1]。ダニに対する環境整備によって，ダニアレルゲン量を 2 μg よりも少なくすることが求められる。Der 1 アレルゲンと同様に Der 2 も高いアレルゲン性があるため，Der 1 と Der 2 の両方が測定されている。

■家庭環境におけるダニアレルゲン

　ダニアレルゲンの場合，寝具が高濃度に汚染されていることが，国内外の疫学調査で明らかにされている。図-2.2.4 は一般家庭内の床および布団ゴミ中のダニ主要アレルゲン量を比較したものである[2]。ダニ主要アレルゲンである Der 1，Der 2 のアレルゲンレベルにおいて布団のダニアレルゲン量は，床面よりも高濃

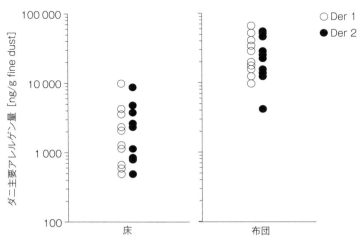

図-2.2.4 床および布団ゴミ中のダニ主要アレルゲン量

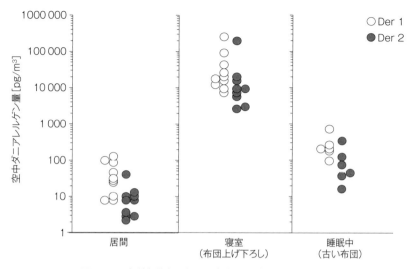

図-2.2.5 各種条件化における空中主要ダニアレルゲン量

度であることがわかる。その他にベッド周り，敷物や布製のインテリア用品にも高濃度のダニアレルゲン汚染が認められることが多い。

　寝具中にダニアレルゲン量が多いことに注目し，家庭内での人の生活の行動をダニのアレルゲンの曝露状態から次の3つに分けた [2], [3]。① 居間での生活，② 布団の上げ下し中，③ 睡眠中。それぞれの条件下において空気中のダニ主要アレルゲン（Der 1 および Der 2）量をエアーサンプラーで採取した。**図-2.2.5** は各条件下での空気中のアレルゲン量を示している。居間における Der 1 および Der 2 の空中アレルゲンは非常に低く，それぞれ 29.6 と 6.3 pg/m³ であった。それに比べ，布団の上げ下ろし時における Der 1 と Der 2 の空中アレルゲン量は非常に高く，それぞれ 30 900 と 12 600 pg/m³ であった。さらに睡眠中の Der 1 と Der 2 の空気中のアレルゲン量は，それぞれ 223 と 87.0 pg/m³ であった。居間における空中 Der 1 アレルゲン量を他の条件と比較した時，布団の上げ下げ時における空中アレルゲン量は約 1 000 倍，また，睡眠中は約 10 倍となった。この研究によって寝具由来のダニアレルゲンが多いことが分かった。

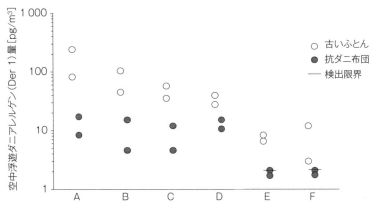

図-2.2.6 布団を新しくすることによるダニアレルゲン曝露量の減少効果

■個人におけるダニアレルゲン曝露量の評価

家庭内におけるダニアレルゲンの個人の曝露量を測定することが，携帯用小型サンプラーを使用することにより，初めて可能になった。そこで布団を新しいものに変えた時の個人のダニアレルゲン曝露量の変化を，この測定法を用いて調べた[4]。6人（A〜F）の成人に帰宅後から翌日の朝，家を出るまでの間，個人サンプラーを携帯してもらった。このようなサンプリングを5日間，2回行った。この2回の測定値の平均を曝露量とした。次に新しい布団に変えて同様のサンプリングを実施した。**図-2.2.6** に示すように古い布団（1年以上使用）を寝具として使用している時の平均空中ダニ主要アレルゲン量は，30〜485 pg/m^3（幾何平均102 pg/m^3）であった。次に古い布団から新しい布団に変えると，空気中ダニアレルゲン量は全例で低下し，平均アレルゲン量は6.0〜52 pg/m^{3}であった（幾何平均20 pg/m^3）。家庭内でのダニアレルゲン発生源として布団が重要であることが再確認できた。

■家庭内のダニアレルゲン対策

上述したように寝具はダニの温床であり，ダニアレルゲンの主要な曝露源である。そのため，寝具への対策が最も重要になる。布団や毛布の丸洗いは寝具からのダニアレルゲン除去に効果が最もある方法である。近年，さまざまな防ダニ寝具も販売されているが，通過防止型の防ダニ布団や防ダニカバーを用いた臨床研

究が国内外で複数行われ，ダニアレルゲンの回避に有効性を示す研究結果が報告されている。寝具の掃除機がけもダニアレルゲンやダニのエサとなるフケなどを取りのぞく効果がある。

寝具以外のダニアレルゲン対策として他には下記のようなものがある。

掃除機がけ：床への掃除機がけは，少なくとも3日に1回は1m²あたり20秒以上を目安に時間をかけて入念に行う。掃除機は通常の吸引力のもので十分である。密閉された空間での掃除機がけは，空気中にホコリが浮遊する状態となることもある。そのため，掃除機がけを行う際は，窓を開けて換気をすることが望ましい。

空気清浄機：空気清浄機を利用することにより，舞い上がって空気中に浮遊しているアレルゲン粒子を捕集することもできる。空気中に浮遊したダニアレルゲン粒子の多くは，おおむね1時間で床へ落下する。そのため空気清浄機は，ホコリの発生源に近い場所の床面へ設置することが望ましい。

スプレー剤（抗アレルゲン剤）：スプレー剤に含まれる抗アレルゲン剤は液体が噴霧されるので，ダニの糞や死骸に直接接触するように噴霧できれば，アレルゲン変性の効果が得られる可能性がある。また，繊維製品や内装建材に抗アレルゲン剤を含む様に加工されたものでは，アレルゲンの変性が得られたという実験結果がある。

2つ目のダニに対する環境整備対策として生きているダニを減らす，増やさないというダニへの対策である。

適度な換気と湿度管理：24時間換気システムがない住宅の場合，部屋を換気して風通しをよくすることが重要である。とくに気密性が高い構造の住宅では室内の湿度が高くなりがちなので，適度にコントロールすることが必要である。

床面の工夫：フローリング，タイル，リノリウム等の床は，ダニが生息しにくい。しかし表面にはダニの糞や死骸など，周囲から浮遊したホコリが堆積することがある。そのため，表面のホコリを取り除く管理は必要である。またラグやゴザ等の敷物を敷いた場合，その敷物でダニが増えることがあるので，それへのダニ対策は必要となる。絨毯敷きや畳などでは，手入れを怠るとダニが増えることもあるので，定期的な掃除を行うことが必要である。

ダニの生息場所：布製のソファーやクッションはダニの温床になりやすい。布製

品はダニを減らすために定期的に掃除機をかける。皮,合成皮革また木製のものではダニが侵入せず,温床になりにくいので,布製からそれらへ変更することもダニ対策の方法の一つである。寝室のカーテンはダニの糞や死骸が付着しやすいので,定期的に掃除機がけや洗濯を行う。人の手に触れるぬいぐるみもダニが増えやすいので,定期的に掃除機がけや洗濯をする。

◎引用文献（2.2 (3)）

(1) WHO, Dust mite allergens and asthma：A worldwide problem, International Workshop report, Bull World Health Organ 66, pp.769-780, 1988

(2) Sakaguchi M, Inouye S, Yasueda H, Irie T, Yoshizawa S, Shida T.：Measurement of allergens associated with dust mite allergy, II, Concentrations of airborne mite allergens（Der I and Der II）in the house, Int Arch Allergy Appl Immunol 90, pp.190-193, 1989

(3) Sakaguchi M, Inouye S, Yasueda H, Shida T.：Concentration of airborne mite allergens（Der I and Der II）during sleep, Allergy 47, pp.55-57, 1992

(4) Sakaguchi M, Inouye S, Sasaki R, Hashimoto M, Kobayashi C, Yasueda H.：Measurement of airborne mite allergen exposure in individual subjects, J Allergy Clin Immunol 97, pp.1040-1044, 1996

2.3 花粉とアレルギー

❶ 花粉とアレルゲン

　日本の花粉症の中でも重要なスギ，ヒノキ，イネ科，ブタクサ，シラカバの各花粉アレルゲンについて解説する。

■スギ花粉アレルゲン

　スギ（*Cryptomeria japonica*）はヒノキ科スギ属に属し，花粉の主要なアレルゲンとして，Cry j 1，Cry j 2，Cry j 3（**表 -2.3.1**）が報告されている。

　Cry j 1 は電気泳動（SDS-PAGE）で 45 000 – 50 000 の分子量を示す塩基性糖タンパク質である（**図 -2.3.1**）[1]。人のスギ花粉症患者の 90 ％程度の血清中 IgE が高い反応性を示す主要アレルゲンである（**図 -2.3.2**）。この Cry j 1 は細菌由来のペクテートリアーゼとアミノ酸レベルでよく似ている。含有量は花粉 100 g あたり 27～35 mg と構成タンパク質中で最も多いと考えられている。また，Cry j 1 は免疫組織化学的解析により，主に花粉の最表層である花粉外壁ならびに花粉表面に存在する微細粒子であるオービクルに存在することが明らかとなっている。

表 -2.3.1　スギ花粉アレルゲンのまとめ

アレルゲン	Cry j 1	Cry j 2	Cry j 3
タンパク種	ペクテートリアーゼ	ポリメチル ガラクツロナーゼ	タウマチン様 タンパク
分子量 （SDS-PAGE, kDa）	45 – 50 45 000 – 50 000	37 000（非還元） 45 000（還元）	27 000（非還元） 19 000（還元）
相同性*を有する 他のアレルゲン	ヒノキ　（Cha o 1） イトスギ　（Cup s 1） マウンテンシダー　（Jun a 1）	ヒノキ　（Cha o 2） イトスギ　（Cup s 2） マウンテンシダー　（Jun a 2）	イトスギ　（Cup s 2） マウンテンシダー　（Jun a 3）

＊　相同性：アレルゲンタンパクで共通のアミノ酸配列があることをいう。

　Cry j 2はSDS-PAGEの還元下で45 000,
非還元下で37 000と異なった分子量を
示す塩基性タンパク質で，スギ花粉症
患者の90％程度と反応する主要アレル
ゲンである（**図-2.3.1, 2.3.2**）[1]。Cry j 2
のアミノ酸配列はトマトやトウモロコシ
花粉のポリメチルガラクツロナーゼと相
同性があることも明らかになっている。
スギ花粉中の含有量は，Cry j 1および
Cry j 2がほぼ同じ量である。Cry j 2は
主に花粉の内膜および細胞質アミノプラ
スト内の澱粉粒に局在することが知られ
ている。

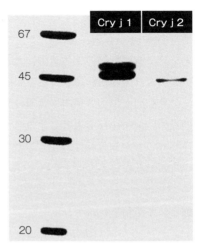

図-2.3.1　スギ主要アレルゲン（Cry j 1
とCry j 2）のSDS-PAGE.

　Cry j 3はSDS-PAGEの還元下で27 000,
非還元下で19 000の分子量を示す。Cry j 3はスギ花粉症患者血清IgEと30％
程度の反応性を有するアレルゲンである[3]。また，Cry j 3はそのアミノ酸の解

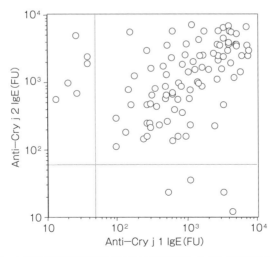

図-2.3.2　人のスギ花粉症患者におけるスギ花粉アレルゲンに対するIgE反応性

析から感染特異的タンパク質（Pathogenesis-related protein, PR protein）の1種であるPR-5に属するタウマチン様タンパク質であることが分かっている。PRタンパク質は植物の生体防御に大きくかかわる酵素であり，カビや病原体などの感染により発現が誘導される。生命機能に必須なタンパクなので，その構造やアミノ酸配列が植物の種間で共通のタンパクとして保存されていることが多い。そのため，スギ花粉症患者で他の植物の果物を食べると，口腔アレルギー症候群が現れることが知られており，このアレルゲンが口腔アレルギー症候群に関係しているのではないかと考えられている。

■ヒノキ花粉アレルゲン

ニホンヒノキ（*Chamaecyparis obtusa*）はヒノキ科ヒノキ属に属し，スギ花粉より，少し遅れて花粉が飛散する。人のスギ花粉症患者では花粉特異IgE抗体レベルにおいてヒノキ花粉アレルゲンに対するIgE抗体が検出されている。これはヒノキ花粉アレルゲンそのものの感作と，スギ花粉とヒノキ花粉の交差性の2つが考えられている。ヒノキの花粉アレルゲンのCha o 1，Cha o 2はスギ花粉のCry j 1，Cry j 2とそれぞれ交差性があり，アミノ酸配列は80％，74％が一致している。

海外において花粉症を引きおこすヒノキ科花粉として，ヨーロッパ地中海沿岸に植生のあるイトスギ（*Cupressus sempervirens*），米国テキサス州を中心として植生のあるマウンテンシダー（*Juniperus ashei*）が知られている。これらの花粉から分離されるアレルゲンであるCup sおよびJun aはスギ花粉アレルゲンの交差性*が報告されている（**表-2.3.1**）。

＊　交差性：体内にアレルゲンが侵入すると免疫反応によって抗体がつくられ，そのアレルゲンと結合することになる。交差性とは，抗体がつくられる元となったアレルゲンとは別の類似のアレルゲンにも結合することをいう。

■イネ科花粉アレルゲン

花粉症の原因として重視されているイネ科植物の多くは，明治時代の初期に牧草として輸入され，繁殖力が強いことから帰化植物となった。日本においてはスギ花粉症に次ぐ重要な花粉症と考えられる。イネ科花粉症の中で最も重要な花粉

の一つであるオオアワガエリ（*Phleum pretense*）花粉からは10種のアレルゲンが報告されている。その中でもっとも重要なアレルゲンがPhl p 1でイネ科植物花粉アレルギー患者の間で90％以上が感作されている。イネ科花粉アレルゲンの特徴として，同じイネ科であれば異なる属間でも強い抗原交差性をもつことが知られている。他の属の花粉でもよく似たアレルゲンであれば，1つのグループのアレルゲンとしてまとめられている。そのため，他のイネ科花粉アレルゲンもPhl p 1と強い交差性を持っており，イネ科花粉アレルゲングループ1としてまとめられている。

■ブタクサ花粉アレルゲン

キク科のブタクサ（*Ambrosia artemisiifolia*）が日本で見られるようになったのは第二次世界大戦後のことで，アメリカ軍駐留地を中心に全国に広まった。ブタクサ花粉アレルゲンはその命名法からAmb aとされている。Amb a 1からAmb a 10までアレルゲンが登録されており，Amb a 1とAmb a 2がブタクサ花粉の主要アレルゲンである。ブタクサ花粉と同じキク科のヨモギ（*Artemisia vulgaris*）花粉の間には両花粉に共通するアレルゲンであるプロフィリン（Amb a 8とArt v 4），ポルカルシン（Amb a 9とArt v 5）などがあり，交差性があるとされている。

■シラカバ花粉アレルゲン

カバノキ科シラカンバ属のシラカバ（*Betula verrucosa*）は主に北海道に分布し，本州では高地に多い。シラカバ花粉アレルゲンはその命名法からBet vとされている。Bet v 1がシラカバ花粉全タンパクの10％を占めるアレルゲンで，この花粉症で最も重要な主要アレルゲンである。また，Bet v 1は上述のCry j 3と同様に植物の生体防御に大きくかかわるPRタンパクでPR-10に属している。また，他の植物果実の中も共通してPR-10タンパクが存在し，Bet v 1アレルゲンとの交差性を強く持っているため，シラカバ花粉症患者にはリンゴなどの果実を食べると口腔アレルギーを起こすことが多いと考えられている。また，Bet v 2が，アクチン結合タンパク質であるプロフィリンであることがアミノ酸配列の類似性と生化学的性質から示されている。

◎引用文献（2.3（1））

(1) Yasueda H, Yui Y, Shimizu T, Shida T.：Isolation and partial characterization of the major allergen from Japanese cedar（*Cryptomeria japonica*）pollen, J Allergy Clin Immunol 71, pp.77-86, 1983

(2) Sakaguchi M, Inouye S, Taniai M, Ando S, Usui M, Matuhasi T.：Identification of the second major allergen of Japanese cedar pollen, Allergy 45, pp.309-312, 1990

(3) Fujimura T, Futamura N, Midoro-Horiuti T, Togawa A, Goldblum RM, Yasueda H, Saito A, Shinohara K, Masuda K, Kurata K, Sakaguchi M.：Isolation and characterization of native Cry j 3 from Japanese cedar（*Cryptomeria japonica*）pollen, Allergy 62, pp.547-553, 2007

◎参考文献（2.3（1））

[1] Codina R, Pineda F, Palacios R.：Tree pollen allergens. In：Lockey RF, Ledford DK, eds. Allergens and allergen immunotherapy. 6th ed. Boca Raton：CRC Press, 2020, pp.141-154

[2] 公的機関のアレルゲン情報サイト：WHO と International Union of Immunological Societies（WHO/IUIS）におけるアレルゲン命名委員会（Allergen Nomenclature Sub-committee）のホームページ　http://www.allergen.org

[3] 最新のアレルゲン情報サイト：欧州連合（EU）からの助成金で運営されている Allergome のホームページ　https://www.allergome.org

② 室内でのスギ花粉の実態と対処法

■住宅への花粉侵入の実態

　花粉は屋外に由来するものであるが，室内にも侵入する。実際に室内にどれくらいの花粉が存在するか，人の住む住宅で花粉粒子の測定を行った結果について述べる。

　図 -2.3.3 は，代表的な一戸建て住宅において，1 日当たり床面で 1 cm² に何個の花粉が存在したかを示したものである。この住宅は台所，洗面所，トイレは常時窓を開けている習慣があるため，この 3 か所の落下量が高い値となった。屋外やベランダでは 56 個～72 個であったのに対し，室内で最も高かった場所は常時窓を開放している台所の窓際で平均 31 個であった。同じ台所でも，窓際でない室内では平均 0.8 個と 40 倍もの差が生じ，窓際の花粉は開放時の窓から直接侵入したものであると考えられた。

　室内平面の分布として，常時開放している場所と，窓際，また窓際以外の室内と 3 つに分類でき，常時開放している場所や窓際では屋外の約 10 分の 1，窓際

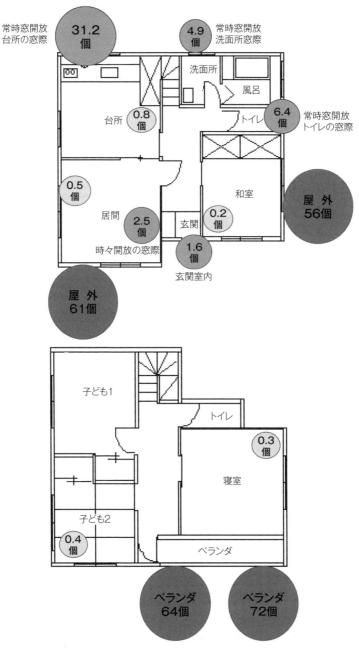

常時窓開放
台所の窓際
31.2個

4.9個
常時窓開放
洗面所窓際

洗面所

風呂

台所

0.8個

トイレ

6.4個 常時窓開放
トイレの窓際

和室

屋外
56個

0.5個

居間

2.5個

玄関

0.2個

時々開放の窓際

1.6個

玄関室内

屋外
61個

子ども1

トイレ

0.3個

寝室

子ども2

0.4個

ベランダ

ベランダ
64個

ベランダ
72個

図-2.3.3 住宅内のスギ花粉平面分布

でない室内では屋外の 100 分の 1 との結果であった。

■室内に持ち込まれるスギ花粉

＜洗濯物や寝具に付着するスギ花粉＞

　洗濯物と寝具を屋外に干した場合，屋外で飛散しているスギ花粉が洗濯物や寝具の布表面に付着し，室内に持ち込まれる。これがどれくらいの量になるかを測定した。

　洗濯物と想定した，T シャツ 1 枚を晴れた日に屋外に干し，一定時間放置した後に，表面に付着したスギ花粉粒子をフィルタで収集し計数した。その結果，T シャツ 1 枚につき平均約 1 000 個の花粉粒子が付着していることが明らかとなった。

　寝具の場合，晴れた日に屋外に干し一定時間放置した後，寝具表面をハンディクリーナーにより表面塵を収集し，表面塵中のスギ花粉アレルゲン Cry j 1 を計測し，スギ花粉粒子 1 個当たりの Cry j 1 を 6 pg として個数に換算した。その結果，寝具表面には最高約 27 800 個，平均で約 10 000 個の花粉粒子が存在している事が明らかになった。

Tシャツ一枚に
スギ花粉 1 000 個！

図 -2.3.4　室内に持ち込まれるスギ花粉

■スギ花粉対策

室内に持ち込まれる花粉は，以下の方法で減らすことができる。

• 洗濯物を室内に干す

タオルを晴れた日に一定時間放置して花粉を曝露させた後に取りこみ，屋外に干した場合と室内に干した場合の，布表面への花粉付着量を比較した結果を**図-2.3.5** に示す。室内に干した場合の布表面のスギ花粉付着量は，屋外に干した場合の平均 15 ％，最も少なかったものは屋外の 5 ％の付着量であった。これらの事より，室内に洗濯物を干すことにより，室内に搬入する花粉を 1/10 ほどに減少することが可能であると考えられる。

• 花粉の付着しにくい生地の洋服を着る

生地性状（素材や表面状態）の違いによって，花粉の付着量は大幅に変わってくる。ハンカチと同じ面積の布を，花粉時期の 4 月に屋外で一定時間放置し，布表面に付着したスギ花粉粒子を顕微鏡により計数した。

布素材による付着量の違いをみるため，ハンカチに付着した花粉を 1 とした時の，それぞれの生地の平均付着量を**図-2.3.6** に示す。

生地表面の拡大写真を**図-2.3.7** に示すが，天然繊維で，タオルやワッフル，ロ

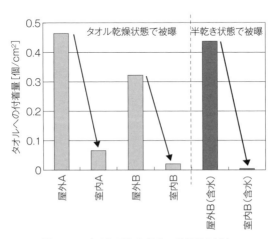

図-2.3.5 室内に干した場合の付着量の減少

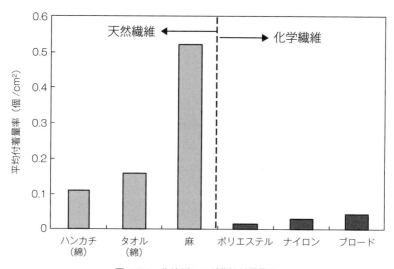

図 -2.3.6　生地別のスギ花粉付着量率

カネルのような凹凸があるものの付着量が高く，タオルやワッフル，ロカネルの比は，ハンカチの最高 6.4 倍，平均 2.2 倍から 2.6 倍であった。とくに麻は高い値を示し，ハンカチと比較すると最高で 10 倍ほど，平均で 5.6 倍の付着量であることが明らかとなった。麻は表面が毛羽立っており，表面積が大きいためと考えられる。

　逆に，化学繊維のブロードやポリエステル，ナイロンのような表面がつるつるしたもので，生地の編み方が密のものは，付着量が少なくハンカチとの比を見ても，最低で 0.08 倍，平均で 0.2 倍から 0.5 倍ほど付着量であった。この結果より，室内に持ち込む花粉を減少させるために，化学繊維の衣類であれば 1/5 に抑えることが可能であると考えられた。

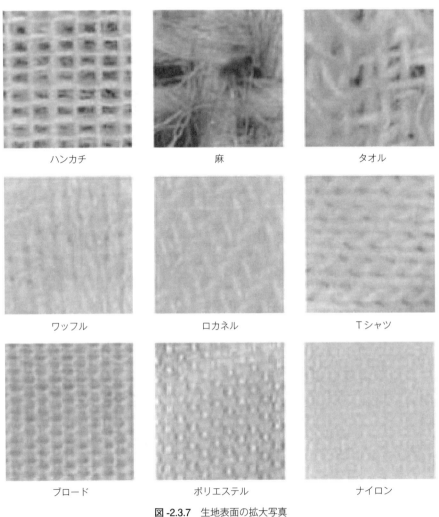

図 -2.3.7　生地表面の拡大写真

◎引用文献（2.3（2））

（1）　清澤裕美，古澤晋：住宅等における花粉の侵入と被曝量：室内居住環境の花粉による汚染防止に
　　　よる研究その1，日本建築学会計画論文集，548，pp.63-68，2001.10
（2）　清澤裕美，古澤晋：住宅等への花粉搬入量：室内居住環境の花粉による汚染防止による研究その2，
　　　日本建築学会計画論文集，558，pp.37-42，2002.8

2.4 ペットとアレルギー

① ペットのアレルゲン

　ペットのアレルギーの大半はネコやイヌが原因アレルゲンとなっており，これまでにネコやイヌのアレルゲンに関する解析は進んでいる。ネコとイヌのアレルゲンについて解説する。

■ネコアレルゲン

　ネコアレルギーの原因となるネコアレルゲンは Fel d 1〜Fel d 8 が報告され，そのうち Fel d 1 はもっとも重要なアレルゲンであることが分かっている。

　Fel d 1 は重要なネコアレルゲンである。この Fel d 1 は主にネコの皮脂腺で産生され，とくに顔，首，腋窩，尾の付け根の部分に多い。90 % 以上のネコアレルギー患者が Fel d 1 に対する IgE 抗体を保有していることから，最も重要なアレルゲンと考えられている。また，Fel d 1 はウテログロビン（Uteroglobin）で 2 つの連結ヘテロ二量体から形成される分子量 38 000 の四量体糖タンパク質である。

　Fel d 2 はアルブミン（Albumin）として報告されている。ネコアレルギー患者の Fel d 2 特異 IgE 抗体の陽性率は 14〜23 % と低く，マイナーなアレルゲンに分類されている。しかし，他の動物のアルブミンとの抗原性がよく似ているため，ネコアルブミンにアレルギーのある多くの患者は，他の動物のアルブミンに反応することがある。近年，この Fel d 2 に感作されたネコアレルギーの患者において，豚肉を食べた後にアレルギー症状を起こすことがあり，ブタ－ネコ（pork-cat）症候群と称されている。

　Fel d 3 はネコ皮膚組織からネコアレルギー患者の IgE に結合する分子として遺伝子配列とアミノ酸配列が明らかにされた。ネコアレルギー患者の 60〜90 % 程度が反応することから重要なアレルゲンと考えられている。

表 -2.4.1　ネコアレルゲンの特徴

アレルゲン	分子量	主な由来	性質・相同性
Fel d 1	38 000	唾液	Uteroglobin
Fel d 2	69 000	フケ，血液，尿	Albumin
Fel d 3	11 000	フケ	Cystatin A
Fel d 4	22 000	唾液	Lipocalin
Fel d 5	400 000	唾液，血液	IgA
Fel d 6	800 000 − 1 000 000	唾液，血液	IgM
Fel d 7	17 500	唾液	Lipocalin
Fel d 8	24 000	唾液	Latherin-like protein

　Fel d 4 はネコの下顎唾液線由来の cDNA ライブラリーを用いて，リポカリン（Lipocalin：分子量 15〜25 kDa の細胞外分泌タンパク質群）と同定された。また，ネコアレルギー患者の 63 ％が Fel d 4 特異的 lgE を有することから，主要アレルゲンと考えられている。唾液腺で産生されるアレルゲンであり，Fel d 1 と比較して高濃度で唾液中に見出される。

　Fel d 5 はネコの IgA，Fel d 6 はネコ IgM である。ネコ唾液，血液中，フケ抽出物中に存在する。Fel d 5 と Fel d 6 はネコの IgA および IgM をそれぞれ相当する。これらのアレルゲンは，ネコアレルギー患者の 38 ％において IgE 抗体によって認識されることが報告されている。

　Fel d 7 は，イヌアレルゲン Can f 1 との配列相同性および IgE 交差反応性を共有するリポカリン様タンパク質である。ネコアレルギー患者の 38 ％が Fel d 7 特異的 lgE を有することから，マイナーアレルゲンと考えられている。

　Fel d 8 は，ラセリン（Latherin）様タンパク質である。Fel d 8 は通常，フケ抽出物では検出されず，ネコの唾液中に見出され，顎下唾液腺から分離される。ネコアレルギーのある患者では IgE 結合頻度がわずか 19% であり，主要なネコアレルゲンとは見なされていない。

■イヌアレルゲン

　イヌアレルゲンは Can f 1〜Can f 8 が明らかにされ，Can f 1 が主要アレルゲ

表-2.4.2 イヌアレルゲンの特徴

アレルゲン	分子量（kDa）	主な由来	性質・相同性
Can f 1	23 000－25 000	フケ，唾液	Lipocalin
Can f 2	19 000	フケ，唾液	Lipocalin
Can f 3	69 000	フケ，唾液，血液	Albumin
Can f 4	18 000	フケ	Lipocalin
Can f 5	28 000	尿	Prostatic kallikrein
Can f 6	27 000，29 000	フケ，唾液	Lipocalin
Can f 7	16 000	フケ	Niemann Pick type C2 protein
Can f 8	14 000	フケ	Cystatin

ンであると考えられている。

　Can f 1はイヌの舌上皮組織から分離されたアレルゲンである。リポカリン様タンパク質でフォン・エブネル腺（von Ebner's gland）のタンパクと相同性を示している。イヌアレルギー患者のIgE抗体陽性率は90％以上と高く，主要アレルゲンと考えられている。Can f 1はイヌの唾液腺に認められるが皮膚にも存在する。

　Can f 2は耳下腺から同定されたリポカリンファミリーファミリーに属し，マウスの尿タンパクと相同性がある。イヌアレルギー患者のIgE抗体陽性率は23％と低く，マイナーアレルゲンとして考えられている。

　Can f 3であるアルブミン（Albumin）はイヌの肝臓から遺伝子配列・アミノ酸配列が明らかにされた。そのアミノ酸配列はネコ，ヒトのアルブミンと，それぞれ86％，79％の相同性を示す。イヌアレルギー患者のIgE抗体陽性率は35％と低く，マイナーアレルゲンとして考えられている。

　Can f 4は，イヌアレルギー患者の35％由来の血清とIgE反応性を示し，ウシフケ抽出物中に存在する分子量23 000タンパク質とのIgE交差反応性を示す。リポカリン様タンパク質であり，これは匂い物質結合タンパク質のリポカリンファミリーに関連する。

　Can f 5は236のアミノ酸からなる前立腺由来カリクレイン（Prostatic kallikrein）タンパクである。このタンパク質は前立腺から分泌されるので，雄

犬にのみ存在する。アレルゲンは雄犬の尿から単離することができる。イヌアレルギー患者のIgE抗体陽性率は76％と高く，重要なアレルゲンとして考えられている。

Can f 6はリポカリン様タンパク質で，ネコアレルゲンで同じリポカリン様タンパク質のFel d 4とアミノ酸配列が類似し交差反応性も示されている。また，イヌアレルギー患者のIgE抗体陽性率は38％と低く，マイナーアレルゲンとして考えられている。

Can f 7は，ニーマンピック（Niemann Pick）type C2である脂質結合タンパク質を，イヌフケ抽出物から同定された。ダニアレルゲンDer p 2との交差反応性が報告されている。イヌアレルギー患者の17％のIgE抗体と反応する。

Can f 8はイヌの皮膚からシスタチン（Cystatin）をコードするアレルゲンとして同定された。イヌアレルギー患者のIgE抗体陽性率は13％と低く，マイナーアレルゲンとして考えられている。

◎参考文献 （2.4（1））

[1] Virtanen T, Rytkönen-Nissinen M.：Mammalian allergens. In：Lockey RF, Ledford DK, eds. Allergens and allergen immunotherapy. 6th ed. Boca Raton：CRC Press, pp.257-276, 2020
[2] 公的機関のアレルゲン情報サイト：WHOとInternational Union of Immunological Societies（WHO/IUIS）におけるアレルゲン命名委員会（Allergen Nomenclature Sub-committee）のホームページ　http：//www.allergen.org
[3] 最新のアレルゲン情報サイト：欧州連合（EU）からの助成金で運営されているAllergomeのホームページ　https：//www.allergome.org

❷ 室内のペットアレルゲンの実態と対処法

■ペットアレルギーの増加

本邦におけるネコとイヌを合わせた飼育頭数は1800万頭を超え，15歳未満の人口1500万人を約300万も上回る。またペットの世帯飼育率はイヌがネコを上回るが，ネコの飼育頭数は年々増加傾向を示し，イヌに比べ，約100万頭上回っている。そのため，ネコやイヌがアレルゲンとなって引き起こされるペットアレルギーが増加している。とくにネコやイヌを室内で飼っている住居では，これらのアレルゲン曝露量が多いことが明らかになっている。ペットアレルギーの大半

はネコやイヌがアレルゲンとなっている。室内環境中のネコやイヌのアレルゲンについて解説する。

■室内環境中のイヌ・ネコアレルゲン量

　主要なネコおよびイヌアレルゲンとして，それぞれ Fel d 1 および Can f 1 が報告されており，室内環境中のそれぞれの存在量を測定することで，環境中のペットアレルゲン量を評価することが可能になっている。住居内でのネコやイヌのアレルゲンの曝露状況を調べるために，室内でネコ，イヌが飼われている家庭内の床の室内塵中のネコ・イヌ主要アレルゲン量を測定し，ダニの主要アレルゲン（Der 1，Der 2）量との比較を行った[1]。床のアレルゲン量は細塵（fine dust）1g あたりの量として表した。ネコ，イヌがいる家庭の床のネコ主要アレルゲン（Fel d 1）とイヌ主要アレルゲン（Can f 1）の幾何平均は，それぞれ

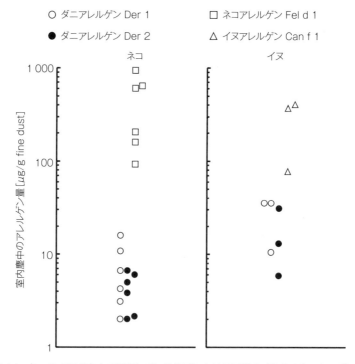

図 -2.4.1　ネコやイヌを室内で飼育している住居における居間のゴミ中の各アレルゲン量

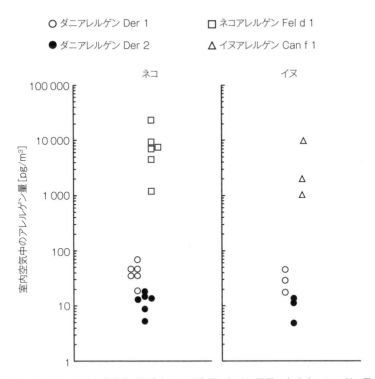

図 -2.4.2 ネコやイヌを室内で飼育している住居における居間の各空中アレルゲン量

322, 236 µg/g であった。これらのペットアレルゲン量はダニアレルゲン（Der 1）に比べ，それぞれ 59, 10 倍も多いことが分かった（**図 -2.4.1**）。上述の同じ家庭で空中アレルゲン量を測定した。ネコやイヌを飼っている家庭の空中 Fel d 1 と Can f 1 の平均はそれぞれ 5 906 および 2 880 pg/m³ であった。空気中に浮遊するネコ，イヌアレルゲンはダニアレルゲン（Der 1）に比べ，162 および 98 倍も多いことが判った（**図 -2.4.2**）。これは床に存在するアレルゲン量が多く，さらにイヌやネコ自身が活動することにより，動物それ自身がアレルゲンの発生源となっていると考えられた。

■ネコ飼育住居の壁面付着ネコアレルゲン

ネコやイヌなどのペットを室内で飼育している場合，室内塵や空中から，ダニアレルゲンに比べても高いレベルのアレルゲンが検出された。とくにネコアレル

ゲンは他のアレルゲンに比較し粒径が小さく，空気中のネコアレルゲンは長期間浮遊し，壁などに付着しやすいと考えられる。そのため，空気中のアレルゲンが部屋の壁面にも存在することも考えることから，ネコ飼育住居の壁面のネコアレルゲン付着実態を調査した[2]。

対象住宅は築年数9年の戸建，ネコ飼育歴は9年で，築後間もなくからネコ2頭を室内で飼育していた。ネコは建物外へ出ることはなく，居住空間を自由に移動していた。試料の採取は，壁ではリビングルーム（LR），ダイニングルーム（DR），インナーバルコニー（IB），2階の階段上りのエントランス（ENT）の4エリアと，その他のエリア（Other）として通路，トイレを含めた壁16面，そして床ではLR，DR，IB，ENTの床4面から行った。壁面の試料回収は，床上4フィートの高さの1平方フィートのエリアを対象とし，グラスフィルターにあらかじめリン酸緩衝食塩水を添加して湿らせ，対象エリアを縦横それぞれ5回拭き取り，付着物を回収した。

対象の壁16面すべてからFel d 1が検出された（**図-2.4.3**）。部屋別の幾何平均値は，LR，DR，IB，ENT，通路，トイレの順に，408.8，83.1，160.3，154.8，12.3，10.0 ng/filterであった。同一室内の4面において4〜10倍程度の差を認めた。

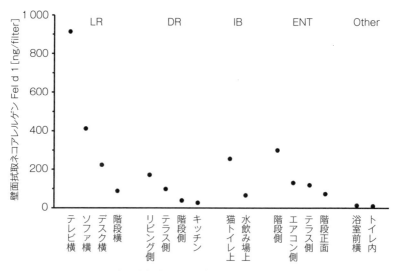

図-2.4.3 ネコを飼育している住居壁面のネコアレルゲン量

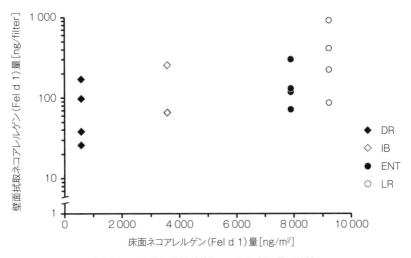

図 -2.4.4 床塵と壁面付着ネコアレルゲン量の関係

床の室内塵中の Fel d 1 量は LR，DR，IB，ENT の順に 9 212，577，3 575，7 899 ng/m² であった。壁面拭取 Fel d 1 と床室内塵の Fel d 1 量は，床面のネコアレルゲン量が多い部屋では壁面拭取ネコアレルゲン量も多い傾向であった（**図 -2.4.4**）。ペットアレルゲンを対象にした環境整備では，床面や寝具，その他ファブリック製品などのインテリアアイテムへのケアとともに，壁面も対象にしていくことが大切であると考えられる。

■イヌ・ネコアレルゲン対策

　ペットアレルゲンの対策としてペットを家庭内から除くことが最も効果的な方法である。しかし，現実問題として家族の一員としてのペットを手放すことは，かなり困難である。そのため，これまでにさまざまな対策が考えられている（**表 -2.4.3**）。ペットを飼う場所を限定し，できれば飼育する部屋の床はフローリングするのが望ましい。ペットアレルギー患者の寝室にはペットを入れないようにすることが重要である。もし，ペットが寝室に出入りする場合は寝具もペットアレルゲンに汚染される。ネコアレルゲンに汚染されている寝具を水洗いすることにより，大半のネコアレルゲンを除くことができる。また，ペットアレルゲンの曝露を減少させるため，ペットを定期的にシャンプーすることが奨励される。

表 -2.4.3 ペットアレルゲン対策

---

1. ペットを飼う場所を限定する
   ・患者の寝室にペットを入れないことが重要である。
2. 寝具等を洗う
   ・ネコアレルゲンに汚染されている寝具を水洗いすることにより，95%以上のネコアレルゲンを除くことができる。
3. ペットを洗う
   ・ペットを定期的にシャンプーすることが奨励されている。

実際にネコやイヌを洗うと家庭内の空中のアレルゲン量が減少することが報告されている。

◎引用文献（2.4 (2)）

(1) Sakaguchi M, Inouye S, Irie T, Miyazawa H, Watanabe M, Yasueda H, Shida T, Niita H, Chapman MD, Schou C, Aalberse RC：Airborne cat（Fel d I), dog（Can f I), and mite（Der I and Der II）allergen levels in the homes of Japan, J Allergy Clin Immunol 92, pp.797-802, 1993

(2) 白井秀治，阪口雅弘：免疫学的測定法を用いたペットアレルゲンの測定：ネコ飼住居壁面のネコアレルゲンの測定，空気清浄，56，pp.56-59，2019

◎参考文献（2.4 (2)）

[1] 公的機関のアレルゲン情報サイト：WHO と International Union of Immunological Societies（WHO/IUIS）におけるアレルゲン命名委員会（Allergen Nomenclature Sub-committee）のホームページ　http：//www.allergen.org

2.5　化学物質とアレルギー

 感作性物質

■感作とアレルギー

　私たちの体には，病原体や有害物質などから身を守るための免疫と呼ばれる仕組みが備わっている。ところがこの免疫の働きが異常を起こし，鼻炎，発疹，呼吸困難などの症状を引き起こしてしまう状態をアレルギーと呼ぶ。感作性物質とは，生体に対してアレルギーを惹起（引き起こすこと）する能力を有する物質のことである。

　アレルギーには，アレルギー症状がまだ出現せず，特定の物質に対するアレルギー反応を起こしうる状態にする「感作」の段階と，アレルギー症状を出現させる「誘発」の２つの段階がある。感作の段階では，特定の物質へ繰り返し曝露することにより，初期の免疫反応によって特異的な免疫学的記憶を引き起こす。誘発の段階では，その後の特定の物質への曝露によって過剰な免疫反応が誘発され，アレルギー症状が出現する。

　例えば皮膚に対する感作の場合，特定の物質が繰り返し皮膚を透過して体内に侵入することにより，その物質に特異的に反応するTリンパ球が体内で増加し，感作が成立する。その後，同じ物質が皮膚を透過して体内に侵入してきた場合，体内に分布しているその物質に特異的に反応するTリンパ球からさまざまな炎症性物質が放出され，接触部位に炎症を引き起こす。

　吸入による感作の場合，特定の物質が気道等の粘膜を通じて体内に侵入すると，この物質が体内に入ると異物とみなして排除しようとする免疫機能がはたらき，免疫グロブリンE（IgE）抗体が生成され，感作の状態となる。IgEは血中や組織中のマスト細胞や好塩基球の表面にある高親和性IgEレセプターと結合する。感作が成立した後に，ふたたび同じ物質が体内に侵入してこのIgEと結合すると，マスト細胞や好塩基球からヒスタミン等の種々の化学伝達物質が遊離して各組織

でアレルギー症状を引き起こす。

■感作性物質

　私たちの生活や職場環境には多数の感作性物質がある。感作性物質には，皮膚との接触によりアレルギー性皮膚反応を誘発する皮膚感作性物質と，呼吸器から吸入することによりアレルギー性の鼻炎，喘息，過敏性肺炎，好酸球性肺炎など

表-2.5.1　日本産業衛生学会による感作性物質とその分類（2021年度の勧告）

気道感作性物質	
第1群	オルトフタルアルデヒド, 白金*, グルタルアルデヒド, ヘキサン-1,6-ジイソシアネート, コバルト*, ベリリウム*, コロホニウム (ロジン) *, 無水トリメリット酸, ジフェニルメタン-4,4′-ジイソシアネート (MDI), 無水フタル酸, トルエンジイソシアネート (TDI) 類*, メチルテトラヒドロ無水フタル酸
第2群	エチレンジアミン, ピペラジン, クロム*, ホルムアルデヒド, クロロタロニル, 無水マレイン酸, ニッケル*, メタクリル酸メチル

皮膚感作性物質	
第1群	アニリン, チウラム, エチル水銀チオサリチル酸ナトリウム　（チメロサール）, テレビン油*, トリクロロエチレン, エピクロロヒドリン, N,N',N''-トリス（β-ハイドロキシエチル）-ヘキサヒドロ-1,3,5-トリアジン, オルトフタルアルデヒド, 過酸化ジベンゾイル, トリプロピレングリコールジアクリレート, m-キシリレンジアミン, ニッケル*, グルタルアルデヒド, 白金*, クロム*, ヒドラジン*, クロロタロニル, p-フェニレンジアミン, コバルト*, ホルムアルデヒド, コロホニウム (ロジン) *, 4,4′-メチレンジアニリン, 2,4-ジニトロクロロベンゼン（DNCB）, レゾルシノール, 水銀*
第2群	アクリルアミド, ピクリン酸, アクリル酸エチル, ヒドロキノン, アクリル酸ブチル, フタル酸ジブチル, アクリル酸メチル, 1,6-ヘキサンジオールジアクリレート, ウスニック酸, ベノミル, エチレンオキシド, ベリリウム*, エチレンジアミン, ベンジルアルコール, ジエタノールアミン, ポリ塩化ビニル可塑剤*, ジクロロプロパン, 無水マレイン酸, ジシクロヘキシルカルボジイミド, メタクリル酸メチル, 銅*, メタクリル酸-2,3-エポキシプロピル (メタクリル酸グリシジル), ジメタクリル酸エチレングリコール, メタクリル酸 2-ヒドロキシエチル (2-ヒドロキシエチルメタクリレート), トルエンジアミン, トルエンジイソシアネート (TDI) 類*, ヨウ素*, ノルマル-ブチル-2,3-エポキシプロピルエーテル, ロジウム*
第3群	イソホロンジイソシアネート, m-フェニレンジアミン, m-クロロアニリン, o-フェニレンジアミン, ジメチルアミン

＊　当該物質自体ないしその化合物を示すが感作性に関わる全ての物質が同定されているわけではない。

表 -2.5.2　欧州労働安全衛生庁による皮膚感作性物質と製品および業種の例

皮膚感作性物質		製品等	業種
金属類（粉塵, ヒュームを含む）	ニッケル	金属類, はんだ, はさみやコインなどのニッケルを含む器具	メッキ, 電子産業, 金属加工業, 理美容師, レジ係
	クロム	セメント, 皮手袋, 金属類, 皮なめし剤	建設業, 金属工業, 皮なめし業
	コバルト		金属精錬業
樹脂およびプラスチックス類	松やに	樹脂, 電気はんだ付け材料, 接着剤	樹脂産業, 音楽家, ダンサー, 電子産業
	エポキシ樹脂	塗料, ニス	塗装業, 電子産業, 製造業, 建設業
	イソシアネート類	発泡断熱材, 塗料, ニス	建設業, 塗装業, 製造業
	アクリル（メタクリル）酸エステル類	塗料の可塑剤, 歯科材料, 人工爪, プラスチックス, 接着剤	歯科技工士, 美容業, 金属加工業
	ホルムアルデヒド	化粧品, プラスチックス, 樹脂,	理美容師, 保健医療従事者, 製造業, 繊維仕上げ業, 防腐処理業
着色剤, 染料	パラフェニレンジアミン	ヘアカラー剤（酸化型）	理美容師
	繊維用染料および顔料		繊維業
消毒剤	グルタルアルデヒド		保健医療従事者, 清掃業, 紙加工業, 港湾労働者
芳香剤		清掃用品	清掃業, 理美容師
医薬品	抗生物質		保健医療従事者
防腐剤（保存料）	クロロアセトアミド, ホルムアルデヒド放出物質, イソチアゾリノン, パラベン	金属切削剤, 化粧品, 木材防腐剤, 水性塗料, 糊	金属加工業, 美容業, マッサージ師, 理美容師, 木材産業
ゴム用添加剤	チラウム促進剤, フェニレンジアミン誘導体		保健医療従事者, 理美容師, ゴム産業
溶剤	d-リモネン, エチレンジアミン	塗料, 洗剤, 脱脂剤	金属加工業, 塗装業, 組み立てライン作業者, 機械工, 印刷業
工業用酵素		小麦中アミラーゼ, 洗剤中プロテアーゼ等	食品工業, 洗剤工業, 清掃業
天然物のタンパク質	天然ゴムタンパク質	保護手袋, 医療器具	保健医療従事者, 理美容師
	動物タンパク質	動物のふけ, 上皮, 尿	農業従事者, 動物実験従事者
	食材, 観葉植物	野菜, 植物, 小麦粉, スパイス	農業従事者, 花屋, 調理従事者, 料理人, 食品産業, パン屋

表 -2.5.3 欧州労働安全衛生庁による気道感作性物質と製品および業種の例

気道感作性物質		製品等	業種
樹脂, 接着剤, 塗料	酸無水物類, 脂肪族・脂環式・芳香族アミン類, イソシアネート類, ホルムアルデヒド	歯科材料, 塗料, ニス, エポキシ樹脂と硬化剤, 成形品と接着結合材, 塗料・接着剤・樹脂のの硬化剤, ポリウレタン発泡剤	歯科技工士, 機械工, 塗装工(噴霧), 成形品の積層加工, 鋳造業, 化学品・樹脂製品作業者, 建設業, 断熱作業, 金属や電子部品の加工業, 製造および修理業, 樹脂や木材加工業
防腐剤 (保存料)	ジエタノールアミン, ホルムアルデヒド, ホルムアルデヒド放出物質		金属加工業, 清掃業, 化学・実験・プラスチックスおよび繊維業
薬品	抗生物質		製薬業, 実験所, 薬剤師, 保健医療従事者
酵素	パパイン, αアミラーゼ, プロテアーゼ	食品添加物, 洗剤	パン屋, 食品加工業, 製薬業, 実験研究者, 繊維業, 洗剤産業
金属ヒューム類	金属ヒュームとその化合物類, 金属炭化物	溶接ヒューム, 金属類, 電気メッキ物質	溶接工, 金属加工業, 左官業, 精錬業, 研磨業, ガラス産業
毛髪染料	パラフェニレンジアミン, ヘナ染料	毛髪染剤	理美容師, 美容業
漂白物質	過硫酸塩, 亜硫酸塩, 亜硫酸水素塩	漂白剤	理美容師, 洗濯業, 化学・食品・製紙業
繊維化学薬品類	反応性染料, 合成繊維, ホルムアルデヒド	繊維化学薬品, 繊維, 仕上げ剤	繊維業
天然物	動物タンパク質	動物のふけ, 上皮, 尿	農業従事者, 畜産業, 獣医, 実験研究者
	松やに	松脂	はんだ職人, 電子産業, 金属・電気加工業, 製造および修理業
	観葉植物		花屋, 園芸家, 植物学者
	コーヒー豆の粉塵, 卵のタンパク質, 小麦粉や穀類の粉塵, 果物, 野菜, 魚, 海産物, 大豆の粉塵, スパイス	食材, 植物, 野菜類	農業従事者, 食品加工業, 料理人, 調理従事者, 犬取扱業, パン屋, 製粉業, 醸造業
	天然ゴムタンパク質		保健医療従事者, 実験研究者, 食品加工業
	カビ		農業従事者, パン屋, 温室作業者, 製材所
	ダニ類		パン屋, 製粉業, 農業従事者, 食品加工および貯蔵所
	繊維		繊維業, 養蚕業
	木材粉塵		大工, 木材業者, 製材所

のアレルギー性呼吸器疾患を誘発する気道感作性物質（または呼吸器感作性物質）がある。

日本産業衛生学会では，皮膚感作性物質と気道感作性物質に対して，第1群（人間に対して明らかに感作性がある物質），第2群（人間に対しておそらく感作性があると考えられる物質），第3群（動物試験などにより人間に対して感作性が懸念される物質）の3つの基準を用いて分類している。**表-2.5.1**に日本産業衛生学会が設定する感作性物質とその分類を示す。なお，この分類は新たな科学的知見に基づいて追加または改訂されていくものであり，2021年度の勧告に基づく。また，欧州労働安全衛生庁が2003年に公表した皮膚感作性物質と気道感作性物質の製品と業種の例（Factsheet 40-Skin sensitisers, European Agency for Safety and Health at Work, 2003；Factsheet 39-Respiratory sensitisers, European Agency for Safety and Health at Work, 2003）を**表-2.5.2**と**表-2.5.3**にそれぞれ示す。

② ウレタン樹脂（ポリウレタン）の健康影響

ウレタン樹脂（ポリウレタン）は単体のイソシアネートが重合してできた樹脂で，完全に重合した状態では毒性がないが，重合が外れて単体のイソシアネートや少数が重合した状態では猛毒となる。ポリウレタンは切断，切削，衣服の摩擦，静電気，汗，高温等で分解し，イソシアネートが発生する。

イソシアネートは経気道性，経皮性に微量でも感作され，いったん感作が成立すると極微量でも皮膚粘膜の刺激症状，神経症状などを誘発し，発がん性がある有害な化学物質である。過去にはウレタン塗装・樹脂の製造・使用にかかわる人たちの職業病の原因，とくに気管支喘息の原因物質として認知されてきた。現在では職場環境での対策が進み，イソシアネートが原因となる職業性喘息は減少し，トルエンジイソシアネート（TDI）IgEが陽性となる症例も減少した（イソシアネートには多くの種類があるが，その中で芳香族炭化水素であるトルエンにイソシアネート基が結合したものがトルエンジイソシアネートである。軟質ポリウレタンフォームや樹脂や塗料などの原料である。この物質にアレルギーを起こすと免疫グロブリンであるTDI IgEが体内で作られアレルギーを起こし始める）。

イソシアネート使用製品の例

ポリウレタンとして
身の周りの様々なものに使われている

- 柔軟仕上げ剤・消臭剤（香料の長持ち効果のためのマイクロカプセルなど）
- 消臭剤などのスプレー剤（成分の長持ち効果のためのマイクロカプセルなど）
- 伸縮性のため繊維に混紡—衣類, 寝具, 雨具, 合成皮革
- 塗料
- タイヤなどのゴム製品
- マットレス・緩衝材・壁紙・床材・合板接着など
- プリンタインク, 接着剤など文具
- 点滴チューブ, 防水シートなど
- 農薬・肥料（長持ち効果のためのマイクロカプセル・造粒・水懸濁分散性）
- 道路舗装工事（アスファルト・コンクリート）
- 水道管工事（シール材）, 配管工事（断熱材, 継ぎ目パッキング）
- 屋根・屋上・外装塗装

様々なものや場所に存在

労働者—生成時の曝露
消費者—残留・分解モノマーの揮発
　　　　（切断, 切削, 衣服の摩擦, 静電気, 汗, 高温等で分解）

図 -2.5.1　イソシアネート使用製品の例

表 -2.5.4　TDI IgE 陽性数と割合

イソシアネート（TDI）IgE	症例数	％
陽性者＞0.34	35	10.9
0.10−0.34	56	17.4
陰性者＜0.10	231	71.7
計	322	

注）　10.9％で陽性, 28.3％で上昇

　ところが現在では, 生活環境中の多くの製品にポリウレタンが使われてきており（**図 -2.5.1**）, とくに, 柔軟仕上げ剤に含まれる香料の持続効果ためマイクロカプセルの壁材として, また, 衣類ではポリウレタン繊維としての使用などが多くなってきており, 汚染が拡大している。

　以前より化学物質過敏症例を中心にイソシアネート IgE を調べてきたが, 陽性例はいなかった。

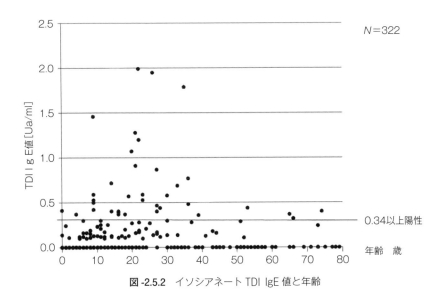

図-2.5.2 イソシアネート TDI IgE 値と年齢

　ここ数年，イソシアネートによる環境汚染が悪化して病状を悪化させている可能性を考慮し，検査希望者数例で TDI IgE を調べ始めたところ，陽性者が続出した。そこで2019年1月から TDI IgE をアレルギー検査のルーチンの検査項目として導入した。症例数0歳から70歳代までの322例，男性155例，女性167例。アトピー性皮膚炎288例，気管支喘息99例，その他のアレルギー疾患27例（重複あり）。**図-2.5.2** に示すように TDI IgE は乳幼児から老人まで広い年齢層で値が上がっており，とくに10歳から40歳の間で高い値を示す例が多い。また，TDI IgE 陽性（＞ 0.34）者は 35 例 10.9 ％であった（**表-2.5.4**）。

　さらに TDI IgE が 0.1 以上の例が 56 例 17.4 ％あり，これらの例は今後感作が進む可能性がある。

　TDI IgE 値は気管支喘息の有無では差は見られなかったが，アトピー性皮膚炎例で上昇する傾向にあり，重症例で値が高くなった。また，**図-2.5.3** に示すように TDI IgE は総 IgE 値と相関があり，イソシアネートが総 IgE 上昇を引き起こしている可能性も考えられた。

　以上のことから，TDI に対する経皮感作（皮膚から原因物質が体内に侵入することでアレルギーが起こること）が起こっており，TDI はアトピー性皮膚炎

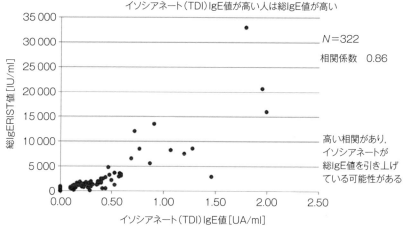

図 -2.5.3 イソシアネート TDI IgE 値と総 IgE 値

の悪化に関与していることを示唆している。

　また，筆者のクリニックでは初診後に香料や障害を起こしやすい陽イオン系合成洗剤含有製品はやめてもらっているが，長期（1〜10 年以上）にわたって柔軟仕上げ剤を使っていない例でも TDI IgE は上昇していた。衣類など柔軟剤以外からの感作（アレルギーを起こすこと）を示唆すると思われた。

　労災疾病臨床研究事業・化学物質特異的 IgE のアレルギー診断と曝露モニタリングへの有用性に関する調査——平成 26 年度総括・分担研究報告書研究代表者 辻真弓（2015 年 4 月）の中で，化学物質（樹脂）取扱い作業者を含む事業所従業員 81 人中 TDI IgE 抗体性者は 2 人（2 ％）と少なく，鹿児島県南九州市の一般住民（$N = 191$）中 TDI IgE 抗体陽性者は 0 人であることが報告されており，この時期には一般住民での感作はあまり起きていないと考えられた。

　これらの結果から，イソシアネートによる環境汚染はここ数年で確実に日常生活のなかで広がっており，経皮感作が進んでいると思われた。最近では TDI IgE のみ陽性の気管支喘息幼児例も経験し，皮膚感作から経気道感作を経て気道症状誘発の懸念もでてきた。イソシアネートによる環境汚染の悪化は健康被害を誘発する可能性があり対策が必要と思われた。

◎参考文献（2.5（2））

[1] 津谷裕子，内田義之，宮田幹夫：環境に広がるイソシアネートの有害性，臨床環境 21，pp.82-94，2012

[2] ポリウレタン製品でアレルギー重症化の恐れ－原料のイソシアネートにアレルギーリスク；medical-tribune，2020.6.29 https://medical-tribune.co.jp/news/2020/0629530779/

[3] 角田和彦：一般人のイソシアネート曝露増加によるトルエンジイソシアネート（TDI）IgE 値の上昇：柔軟剤や衣類でのウレタン樹脂の使用－新たな問題提起，第 93 回日本産業衛生学会発表 2020 年 シンポジウム（アレルギー・免疫毒性における皮膚と呼吸器の接点からの新展開）

[4] 角田和彦：環境中のイソシアネートに対する感作状態トルエンジイソシアネート（TDI）IgE 値の状況，第 28 回日本臨床環境医学会発表 2019 年

③ 有害な化学物質から体を守るための防衛反応

■有害物質曝露の現状

現在，環境中のさまざまな有害物質に私たちの体はさらされており[1]，健康な状態を維持するためには，多くの有害な物質に対処しなければならない。

ほとんどの人たちは，有害物質にさらされているという状況の中で，それらの，有害な物質を徐々にまたは急激に体内に蓄積している。その後，ある時に，何らかの化学物質，電磁場などに曝露され病的状態になってしまう。このような事態を回避するためには，化学物質を体内から排除して蓄積を減らし，環境や食事に注意を払って引き金となった事態を回避し，障害された神経などの改善を図る必要がある。

今まで，筆者は 40 年以上，アレルギー，アトピー性皮膚炎，化学物質過敏症の人たちを多数診療し，経験を重ねてきた。その結果，多くのことがわかってきた（図 -2.5.4）。まだ，エビデンスとしてデータ化されていないことも多いが，環境医学の臨床医の実感として記す。

有害な化学物質への曝露状態を調べるためにはさまざまな方法を駆使する必要がある。室内中化学物質測定，血中 PCB 測定，IgE 検査，血中コリンエステラーゼ値，脂肪酸分画検査[2]，詳細な問診と食物日誌，眼球運動や瞳孔の観察，鼻粘膜・咽頭粘膜の観察，皮膚の観察などから，どのような化学物質の処理能力が悪いか，どのような化学物質を多量に体内に侵入させているか，障害程度を推測する。

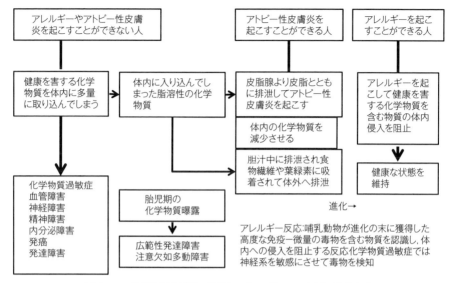

図 -2.5.4 化学物質の曝露・排泄とアレルギー・アトピー性皮膚炎

　2007 年の厚生労働科学研究では [2]，有機塩素系殺虫剤パラジクロロベンゼンなどの化学物質への曝露が多い例では，追跡眼球運動に階段状の動き（衝動性眼球運動 saccadic eye movement）があり，眼球がスムーズに動かない（これは化学物質過敏症で多くみられる状態）ことが分かった。さらに，追跡眼球運動に異常がある例では WISC- Ⅲ知能検査で動作性 IQ が低下していた（学習障害）。

　筆者のクリニックで追跡眼球運動に階段状の動きが見られる例では，脂溶性残留化学物質（有機塩素系化合物）の蓄積が多いと思われる例が多く，牛乳，卵，汚染が強い大型魚類，油脂類の摂取が多い例が多い。小児では，アレルギーがある食材（牛乳，卵，魚，輸入小麦など）を避け，汚染が少ない食事をしている子は，眼球運動の異常が少ないが，アレルギーを無視し食べ続けている子は眼球運動の異常例が多い。魚の寄生虫アニサキスにアレルギーを起こしている成人例（大量の汚染された大型魚類を摂取し，血中の魚に含まれる脂肪酸（EPA や DHA）が異常に高値であることからわかる。アニサキスが寄生する大型魚に残留した脂溶性残留化学物質の体内蓄積が多いと思われる）も眼球運動が悪く，瞳孔の異常がある。また，有機リン系化学物質に曝露してきた例では瞳孔の縮瞳が見られる。

これらの眼科的な異常は，眼にとどまらず，全身的な神経系やその他の臓器に病的な状態が引き起こされている可能性を示唆している。

これらのことを多くの例で臨床医として経験してきたことを以下に述べる。

• アレルギー反応はそれ自体が過剰になれば，病的になるが，本質は有害な化学物質（毒物）を含んでいる物質に対してアレルギーを起こすことであり，アレルギー反応とは有害な化学物質が体内に侵入することを防衛するための免疫反応である。

地球上の生物は，その誕生と同時に，常に環境中に存在する毒物に対処し，また，自ら毒物（化学物質）を作ることで環境中の脅威に対処してきた。地球上で最後に進化した哺乳動物は，免疫系をさらに進化させ，自らの能力では処理できない毒物（化学物質）を検知し，それにアレルギーを起こすことで，その化学物質を避けることができるようになった。それがアレルギー反応と考えられる。その人が持っている毒物（化学物質）を無毒化する処理能力が低い場合，処理できない化学物質を含む物質に対してアレルギーを起こし，体内侵入を阻止する。どの物質にアレルギーを起こすかは，環境の汚染度，曝露量，遺伝子の状態，性別，年齢，人種などによって異なる。

アレルギー（とくに，IgE を介した即時型アレルギー）を起こす能力がない人は，有害な化学物質を検知する能力が低く，化学物質の体内侵入を阻止できずに多量の化学物質を浴びてしまい，化学物質過敏症を起こす可能性が高くなる。実際，難治の化学物質過敏症では IgE レベルが生直後の乳児のレベルかそれ以下しかないことが多い。

• アトピー性皮膚炎は，食品などを介して体内に侵入してしまった脂溶性残留性化学物質を皮脂腺から皮脂ともに体外排泄するためのシステムと考えている。排泄の場所である皮膚ではアトピー性皮膚炎を起こし，発赤やかゆみ，掻破などの症状が起き，噴き出した化学物質と同時に存在する皮膚の常在微生物にアレルギーを起こす（例えば，マラセチアなどの常在酵母など）。しかし，化学物質を皮膚から排泄することで体内蓄積は減少する。ところが，脂溶性残留性化学物質はいったん体内に入ってしまっているため，これらの化学物質によって神経などの臓器は損傷を受ける（瞳孔異常，眼球運動の異常で検知しているが，障害は全身に及んでいると思われる）。神経系は障害されるが，食事に注

意し環境整備を行えば，常に化学物質を皮膚経由で体外に排泄しているため重症な化学物質過敏症にはなりにくい。体内の有害化学物質の蓄積が減れば皮膚経由の体外排泄が減少し，アトピー性皮膚炎は軽くなる。

•化学物質過敏症は，さまざまな化学物質によって神経系を中心に病的な状態が誘発される。これらの化学物質を避けるために，においに対して敏感になる。においに敏感なことは逃げるための手段であり，不快なにおいがしたときはその場からすぐに逃げれば化学物質の影響は少ない。これを理解することができれば予期不安による症状は改善していく。難治の化学物質過敏症例ではアレルギーを起こす能力は低く，知らないうちに多量の化学物質に曝露され，ある時突然発症する。

■環境化学物質の存在場所

人が作り出し使用した化学物質は大気中（大気中の化学物質を多量に付着した花粉によるアレルギーを起こす），室内環境，水の中，土の中に排泄され環境を汚染する。花粉や土埃に付着した化学物質は室内に持ち込まれ室内を汚染する。川にそして海に到達した化学物質は食物連鎖を経て食品中に入り（化学物質が残留する食物にアレルギーを起こす），人が摂取する。摂取した脂溶性残留性化学物質は皮脂に含まれて排泄され，皮屑とともに室内を汚染する。それらはダニに食べられ，その糞に濃縮された状態で存在し，人はこの糞にアレルギーを引き起こし，化学物質の体内侵入を阻止しようとする（ダニに対するアレルギー）。

■有害化学物質の影響を減らすために

有害化学物質による影響を減らすためには，有害化学物質を含む食品の摂取を避け，汚染されていない空気を呼吸し，室内での汚染物質の発生を抑え，排除，掃除することが必要である。これらを実践することで，アレルギーを起こす必要がなくなり，化学物質への耐性も改善し，電磁波への耐性もできると思われる。

これらの化学物質の存在場所を理解し，対策方法を学び，多くの人が知識として持つことが望まれる。

アレルギーでは，原因物質に頻回に曝露されると寛容という状態が起こり，アレルギー症状が軽減されるが，化学物質の場合には頻回に曝露されると化学物質

の蓄積や過敏な状態が増加し，または，微細な神経障害が重ねられ症状が悪化する。したがって，薬物や免疫療法でアレルギーを軽減させても，化学物質への曝露を減らさない限り健康状態は改善しない。最近では，毒性物質のイソシアネートにアレルギーを起こす例が多くなっていることが，防衛反応としてのアレルギーの典型的な例だ（2.5（2）参照）。

においへの敏感さを無理やり治す必要はなく，それらはセンサーとしてうまく利用して化学物質の体内侵入を避け，アレルギー原因物質への対処を行い，アレルギーを起こす必要がない環境と食生活を作り出すことが必要と思われる。

◎引用文献 (2.5 (3))

(1) 角田和彦：トピックス5.環境因子がアレルギーに及ぼす影響の可能性（小児科領域），アレルギー，64（1），pp.1-8，2015

(2) 上山真知子，角田和彦，栗山進一，渡辺瑞香子，吉野博，石川哲：厚生労働科学研究「微量化学物質によるシックハウス症候群の病態解明，診断・治療対策に関する研究」総括研究報告書（平成15-17年度）研究テーマ；室内化学物質が知能・認知能力，行動に及ぼす影響の評価方法に関する研究−微量化学物質によるシックハウス症候群が疑われる児童・生徒の心身の発達に関する調査研究，2007

対策技術の現在と未来
—増やさない工夫と減らす工夫

3.1　室内環境アレルゲン対策の基本

　室内空気中に浮遊しているアレルゲンに限らず室内空気汚染物質の建築技術的除去手段としては，汚染物質の室内侵入を許さない手段と汚染物質の侵入は許したのち除去する手段の2つに大別される。前者は，さらに汚染発生源を除去，隔離する方法と，発生源の性質を変え，発生強度を抑制する方法の2つに分けられ，後者も，空気清浄機等によって汚染物質を除去する方法と，換気により室外へ排出する方法の2つに分けられる。これら4つの方法は，汚染物質に対する働きかけが，列挙した順に積極性が少なくなるという特徴をもっている。

❶　発生源を除去する方法

　第1番目の方法は，その意味で最も積極的であるが，可能な場合もないことはないが，通常はかなり実現することが困難な対策であるといえよう。すなわち，対象とする汚染質がCO_2，VOC（揮発性有機化合物），臭気などの場合，その主要発生源の一つが人体およびその活動に起因することを考えると，人を室内に入れないようにするということはまったく不可能な対策であるといえる。人のいない室内の空気の汚染問題というものは，通常，意味を持たないからである。

　一方，アレルゲンのような人以外のものからの発生が汚染源の場合は，室内からの除去や室内への侵入防止対策が可能である。すなわち，アレルゲンの発生源となるような畳やカーペットの使用を避けるとかやペットやぬいぐるみを室内に持ち込まないとかの対策が考えられる。

❷　発生源の発生強度を抑制する方法

　この方法の場合，発生源の強度を抑えるための手段として，加熱，圧縮などの物理的手段を用いることが可能な場合は，空気質の改善という観点だけにたてば，

それほど問題がないと言えるが，実際問題として物理的手段だけで汚染源の排出強度を抑制したり消失させたりすることは少ないようである。

多くの場合，汚染源の排出強度の抑制のために化学的手段に頼らざるを得ない場合が多く，この場合には，当初目的とした汚染物質の発生を阻止することができても化学反応により別の形の汚染を生じ，その対策によるリスクと，その対策以前の汚染質自体によるリスクのどちらが大であるかといったきわめて微妙な判断を迫られるリスク評価を行わなければならないのが現状である。そして，対策前の汚染物質のリスクが大きい場合，対策によるリスクが見落とされがちになったり，あるいは意図的に過小評価されたりすることがあるので，注意が必要である。

上述のような理由により，この種の方法が実用化された例は多くはないが，布団の丸洗い乾燥，清掃の励行や湿度制御などは，アレルゲンの発生を抑制する効果が期待できる場合がある。

なお，ビニールの皮膜などで発生源を覆って室内への発生強度を低減させる対策も考えられるが，この方法は，その皮膜に少しでもひび物割れや裂け目などの隙間ができると，そこからアレルゲンが漏れ出してしまい，防止効果が無に帰してしまうという欠点があり，あまり実用的ではないようである。

 空気清浄機等による汚染質除去

空気清浄機等を用いて室内に侵入した汚染物質を除去する方法は，前の2つに比べればかなり実用性の高い方法であるといえる。ただし，除去の対象となる汚染物質が特定されており，さらにその物理化学的挙動特性が十分に知られていなければならない。

よって，対象とする汚染物質がここで問題としているアレルゲンのように単なる1種類の浮遊粉塵のような単純なケースの場合は実用的であるといえるが，それだけではなく，VOC，たばこ煙，燃焼排ガス，臭気のような気体やエアロゾルなどのさまざまな化学物質などが絡んでくる場合には，必ずしも原因物質すべてを除去できないという欠点を抱えている。

また，空気清浄装置の維持管理が不十分だと，浄化装置の汚染保持容量を越え

る汚染質を処理する結果となり，浄化装置からの汚染物質の再発生という事態も考えられる。さらに，保持容量を越える処理をしていなくとも，管理が悪ければ，とらえた汚染質を保持している部分に微生物が繁殖する，化学反応を起こすなどして，別な形の汚染を起こす恐れも考えられる。

　また，改めていうまでもないことかもしれないが，浮遊した粉塵であっても空気清浄器の中に入らない限り除去されることはないのは事実である。よって，この方法にあまり過大な期待はしない方が無難である。さらに，使用者によっては，空気清浄器があることにより，精神的な安定を得るといった側面も認められなくもないが，逆に，空気清浄器に頼りすぎ，換気や掃除，布団の管理など基本的な室内環境整備のための対策を怠るようになるとしたら，問題であるので，この点からも注意が必要である。

　なお，観葉植物などの植栽に空気浄化を期待する研究もみられるが，植物は光合成により二酸化炭素を酸素に変えることができ，熱帯雨林を中心とする地球上のすべての植物がそういう点での効果をもっていることを考えれば，室内に植物を導入することによる空気浄化を期待することに一理はあるということができそうである。しかしながら，問題は，そう簡単ではない。

　まず，室内の空気を明らかに清浄化するのにどれほどの植栽を室内に持ち込まなければならないかが問題である。窒素酸化物等の場合は，かなり効率的に植栽の葉に吸着し，そんなに多くの量を持ち込まなくとも，室内の濃度は相当程度減るとはいわれている。しかし，それ以外の汚染物質の除去については，植栽により濃度が減るかどうか良くわからない状況である。確かに，植物は，前述したように，二酸化炭素を酸素に変える能力をもっているが，室内の炭酸ガス濃度が目立って減って，酸素濃度が増えるようになるためには，人の居場所がなくなり，居間が「温室か」と見紛うほどの量を持ち込まなければならないであろう。そして，それも昼間の太陽がでている間や，人工照明による光がある場合だけしか阻止効果は期待できない。光がなくなれば，他の動物などと同様，酸素を消費し炭酸ガスを出すことになる。

　ただし，観葉植物を部屋に置くことにより，精神的なやすらぎが得られるといった類の心理的効果は別である。この点で，植物は，犬や猫と何等変わらない。観葉植物を一種のペットと考えれば，ペットにより空気浄化がなされるというの

は無理な考えといえよう。

　次の問題点は，観葉植物は，通常植木鉢などに植えられているため，そこにある土が粉塵となって室内に漂うことになる。さらにその土に含まれる水，肥料などが室内に気化してきて別な形での室内空気汚染問題を引き起こすことが考えられる。また，植木鉢の土には，カビやダニが繁殖することも考えられ，これらが，建物の表面を汚染したり，アレルゲンとなってアレルギー症状を引き起こしたりすることも考えられる。

　以上のように，植栽の室内導入に伴う室内空気清浄に関する「損得勘定」をすると，ほんの少しメリット（酸素が増える場合があることと心理的効果）と数え切れないほどのデメリットということになり，全体としては「まったく効果は期待しない方がよい」ということになるであろう。

 ## ４ 換 気

　最後に，換気による室内空気中の汚染除去は，最も消極的な方法ではあるが，室内空気中の汚染物質がガス状物質であろうとダニアレルゲンのようなエアロゾルであろうと，また，それらの汚染物質の挙動等がそれほどよく分かっていなくとも，さらには除去しなければならない汚染物質が何種類あろうとも確実にすべての汚染物質を室外へ排除できるというメリットをもっている。とくに，VOC，たばこ煙，燃焼排ガス，臭気のような複雑な特性を持った汚染物質の除去法としては，最も費用がかからず，また実用性の高い方法といえる。

　ただし，換気される外気の汚染物質の濃度は，室内空気中にある汚染物質の濃度より低いことが前提となっている。

3.2　室内環境アレルゲンの動態

1　アレルゲンの存在箇所

　室内の空間中には多くの粒子が存在している。例えば，飛散した砂じん，工場などからの排煙，光化学スモッグ，ディーゼル排ガスなどがあり，われわれの健康や生活環境に少なからず影響を及ぼしている。このように浮遊している粒子をエアロゾル粒子と呼び，エアロゾルの定義としては，「気体とその気体中に浮遊する固体もしくは液体の粒子」で，空気中では粒子およびそれらが浮遊している気体の2つからなる2相系となる。

　図-3.2.1にエアロゾル粒子とその粒径範囲を示す[1]。大気の微粒子の大きさは，一般に粒径で表現され，直径であらわすことが多い。エアロゾル粒子の粒径範囲は，0.001 μm から100 μm にある。一般にダスト，研磨生成物，花粉はミクロン領域もしくはそれ以上である。フュームや煙はサブミクロン領域もしくはそれ以下である。粒径10 μm より大きな粒子は重力の影響により室内空気中に存在していても速やかに落下して沈降することとなるが，これよりも小さな粒子は空間中に長時間に渡って存在することができる。

　一般に浮遊粉塵として室内環境中で規制される場合，建築物衛生法により粒径10 μm 以下の粒子が対象となっている。この粒径以下であれば室内空気中に長時間浮遊し続けることが可能であり，呼吸により吸引することで，気管支，肺まで到達する可能性があるため，粒径による区分を行っている。室内における浮遊粉塵の発生源については，室内に堆積・付着しているものの再飛散，たばこ煙，ガス・石油系燃料の室内燃焼，そして大気の侵入などがある。

　一方，アレルゲンとなる物質は，カビ，ダニ，花粉などである。カビの胞子，花粉ともに粒径は10 μm より大きく，ダニは虫体の大きさが0.3〜0.4 mm，その糞の大きさも10 μm より大きい。よってこれらの物質は空間中には長く浮遊しておらず，床に沈降しやすい状態である。同様に，衣類などの繊維，ペットの毛，

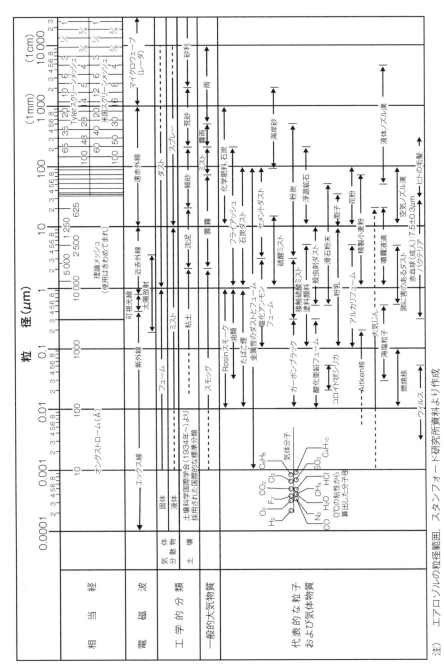

図 -3.2.1 エアロゾル粒子とその粒径範囲 [1]

注) エアロゾルの粒径範囲，スタンフォード研究所資料より作成

砂じんなど，粒径が大きく，床に堆積しやすいものをハウスダストと呼ぶ。ハウスダストについては，一般的にハウスダストアレルギーとの関連から，ダニの虫体およびフンなどのアレルゲンを中心に，ペット，カビなどを指すことが多い。空間中に存在しにくいハウスダストであっても，再飛散してふたたび空間中に浮遊することにより，または直接堆積したハウスダストを摂取することにより，居住者の健康に影響を与える。また，室内における花粉の大部分は，屋外から侵入したもので，室内では窓際など外部の影響を受けやすいほど床面の花粉数が多いことが示されている[1]。

② 粒子の表面の付着と分離

　粒子は，接触した表面に強く付着する性質がある。付着する力としては，van der Waals力（物質間に働く力），静電気力，表面張力などがあるが，粒子の組成，形状，表面の材質などが影響される。一般的に付着力は粒径に比例する。表面から粒子を分離させるために必要な力は，振動や遠心力の場合には粒径の3乗，気流の場合には粒径の2乗に比例する。よって，小さな粒子にはたらく付着力は粒子が受ける他の力に比べてきわめて大きいため，粒径が小さくなればなるほど，表面からの分離が困難になる。例えば砂粒のような大きな粒子は，空気を吹き付ければ容易に取り除くことができるが，すすのような小さな粒子は除去しにくい。また，小さな粒子が集まって，大きな凝集物，ハウスダストのようになれば，表面から比較的簡単に吹き飛ばすことができる[1]。

③ ハウスダストの再飛散

　ハウスダストのような粗大粒子は，外力を与えれば表面から分離され，空間中に戻ることとなる。このような現象を再飛散と呼ぶが，表面から粒子を分離させるには外力が必要となり，一般空間において床表面からハウスダストを再飛散させるためには，振動や気流が外力となる。

　実際の住宅居室において，人間の多様な行動の中で，どの行動が再飛散に影響を与えるかについて，またそれらによる粒子の発生量を推定したものがある[2]。

この研究では，室内での人間の行動として，歩行，椅子に座る，から拭き掃除，リビングでの掃除機使用に注目して，堆積していた粒子を室内の粒子濃度のモニタリングを行うことにより検討した。結果として，すべての行動により粒子濃度の上昇が確認され，上記の行動による発塵に加え，堆積ダストによる再飛散が起こっていること，さらに室内粉塵濃度に十分寄与していたことを示した。よって，このような室内での行動による床の振動や気流の発生により，堆積粒子の床表面からの分離が行われていることが示されている。なお，粒径 0.3～0.5 μm の微小粒子においては，行動によっては濃度の上昇がみられないことから，発じんおよび再飛散に関係する粒子の粒径が異なっている可能性を示唆したもので，上述の粒径による分離の特徴と一致している。

歩行による室内の再飛散による発じん量の検討が実験的に行われた例がある[3]。実験室の床に JIS 試験用粉体を散布し，その上を歩行して，空気中の粉塵をろ紙じん埃計を用いて測定することで，粉塵の発生量を実験的に求めたものである。結果として，空気中の濃度の経時変化があるとともに，歩行の強さによる違いがあるものの，測定位置による結果には違いがないため，一度飛散したものが部屋全体に舞い上がっていることを示した。よって，このような行動により再飛散したハウスダストは，空間中で形成された気流により室内全体に浮遊することとなる。

図 -3.2.2 は再飛散に影響を与える因子について示したものである [2]。ダストや床などの性質に関係する付着力にかかわる因子と歩行など再飛散の機動力になる多くの要因がある。床の材質による影響も大きく，とくにカーペットのような複雑な形状については，なめらかな表面に比べて現象が複雑となる。環境条件についても，高湿度の場合には付着力が大きくなるため，再飛散の割合が小さくなる傾向があると考えられる一方，静電気力が支配的な場合，それを弱めてしまうために再飛散割合が高くなることも考えられる。

さらには，室内の気流条件も，再飛散には重要な要素となる。再飛散に室内気流が機動力として直接関係していないかもしれないが，ダストが再飛散した後の室内空気中での浮遊の挙動にかかわってくる。

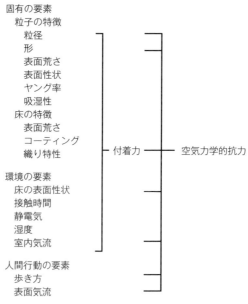

固有の要素
  粒子の特徴
    粒径
    形
    表面荒さ
    表面性状
    ヤング率
    吸湿性
  床の特徴
    表面荒さ
    コーティング
    織り特性

環境の要素
  床の表面性状
  接触時間
  静電気
  湿度
  室内気流

人間行動の要素
  歩き方
  表面気流

付着力 ── 空気力学的抗力

図 -3.2.2　再飛散に関係する各要素 [2] を改変

◎引用文献（3.2）

(1) ウィリアム C. ハインズ著，早川一也監訳：エアロゾルテクノロジー（原書：Aerosol Technology），井上書院，1985

(2) Jing Qian, Jordan Peccia, Andra R. Ferro：Walking-induced particle resuspension in indoor environments, Atmospheric Environment, 89, pp.464-481, 2014.

◎参考文献（3.2）

[1] 大橋えり，大岡龍三：スギ花粉飛散について，日本流体力学会誌，ながれ，26 (5)，pp.325-329，2007

[2] Andera R. Ferro, Royal J. Kopperud, Lynn M. Hildemann：Source Strength for Indoor Human Activities that Resuspend Particulate Matter, Environmental Science and Technology, 38, pp.1759-1764, 2004

[3] 入江建久，小林陽太郎，吉沢晋：室内再発塵について　その１歩行による場合，日本建築学会論文報告集号外，学術講演要旨集，42，p.514，1967

3.3　住宅換気の必要性

　換気とは，室内空気中の汚れを排出して，新鮮な外気を取り入れることである。アレルギーの要因となる空気の汚れにはさまざまなものがある。例えば，室内で発生するハウスダスト，化学物質などがある。

　ハウスダストには，アレルギーの原因となるカビ，ダニ，ペットなどの動物の皮膚や毛，アレルギー反応を増強させる化学物質などが含まれている。ハウスダストを少なくするためには，掃除が重要である。しかし，小さなハウスダスト，カビの胞子や菌糸などの小さなものは空気中に浮遊しやすく，人がこれらを吸い込む可能性がある。したがって，このような空気中の汚染物質を，換気によって排出する必要がある。

　化学物質は，建築材料や家具，生活用品から放散される。大量生産される多くの工業製品に，耐久性の向上，見た目の美しさ，コスト削減などのために化学物質が利用されている。この中には，アレルギーに影響する物質が含まれている場合がある。どの化学物質が人にどのような影響をもたらすかを明らかにすること

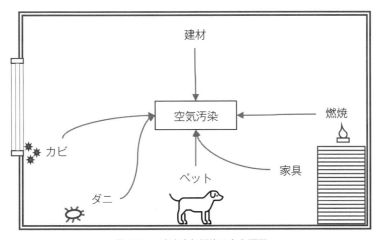

図 -3.3.1　室内空気汚染の主な要因

は難しいが，多くの新しい化学物質が作られ使われている。このような化学物質を換気によって排出して室内空気中の濃度を抑えることで人が吸いこむ量を削減することが望まれる。さらに，換気によってハウスダストや室内表面に付着する汚染物質の量を少なくすると，人が触れることで体内に取り込むことを防ぐことにもつながる。

 ### 換気の方法 1（機械換気）

　換気の方法には，機械換気と窓開け換気がある。以前からトイレ，浴室，キッチンには排気ファンが設置されている場合が多く，すでに機械換気が利用されてきた。

　1990 年代に社会問題となったシックハウスを契機に，2003 年に建築基準法が改正された。この改正によって，上述の機械換気の他に，居室に常時換気設備を設置することが義務付けられた[1]。この常時換気設備には，居室の空気を約 2 時間で入れ替える能力（換気回数 0.5 回 /h）が必要であるとされた。この換気量の基準は，建材から発生するホルムアルデヒドの室内濃度を指針値（0.08 ppm）以下にするために設定されている。この常時換気設備は，一年を通じて運転することが重要である。この改正では，機械換気の設置ばかりではなく，内装に用いる建材や施工剤，天井裏等の構造内部の建材や施工剤に関する配慮，構造内部からの化学物質の室内侵入を抑制するための気密性能・漏入防止の対策も行われた（図 -3.3.2）。

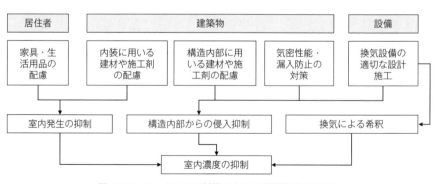

図 -3.3.2　シックハウス対策のための建築基準法の改正

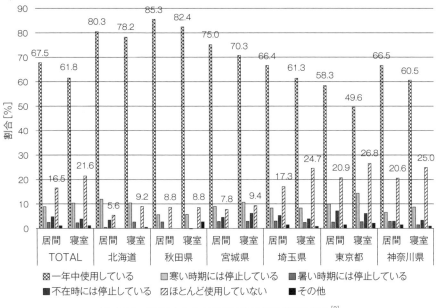

図 -3.3.3　2021 年における常時換気設備の運転状況 [2]

　しかし，新型コロナウイルス感染症の拡大の中で行われた調査で，この常時換気設備を停止している家庭が非常に多いことが指摘された（**図 -3.3.3**）。新型コロナウイルス感染防止のためにも改めて常時換気の必要性を認識する必要がある。

[主な常時換気設備の種類（図 -3.3.4）]

給排気型常時換気設備（第 1 種換気）：常時，給気と排気を共にファンで行う換気設備である。排気中の熱を給気に移動させる熱交換器を内蔵した熱交換換気設備も含まれる。この場合は，熱回収による省エネルギーや給気の冷たさによる寒さを防止できる可能性がある。

排気型常時換気設備（第 3 種換気）：常時，排気をファンで行い，居室の給気口から外気を導入する換気設備である。トイレ，浴室，キッチンからファンで常時排気する場合も含まれる。

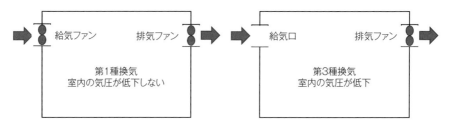

図 -3.3.4　機械換気の種類（第 1 種換気と第 3 種換気）

② 換気の方法 2（窓開け換気）

　機械換気は，必要な最低限の換気量を確保する手段である。気候が良好なときや，掃除などでハウスダストが舞うとき，新築やリフォームの後で化学物質の発生が多いとき，また，浸水や水漏れ等でカビが大量に発生しているときなどには，窓開け換気を行うことが望まれる。二方向の窓を開けることで空気の通り道を作ると換気効果が非常に高くなる。また，冬期暖房時には内外の温度差が大きくなるために，上下の窓を開けると温度差換気が発生する。このような，自然に発生する空気の流れを利用して窓の開け方を工夫し，気象条件を見ながら窓開け換気を利用する知恵を習得することが望まれる。

③ 換気の注意点 1（外気の汚染物質の侵入）

　外気に汚染物質が含まれていると，換気によって汚染物質が室内に侵入する可能性がある。例えば，花粉や $PM_{2.5}$ などの大気汚染物質の侵入によって，室内空気が汚染される場合がある。機械換気の場合には，給気口にフィルターを設けることで侵入量をある程度抑えることができる。しかし，気密性が非常に高い建物を除けば，隙間などからの侵入を完全に防ぐことは非常に難しい。このため，空気清浄機で捕集するなどの対策が必要である。窓開け換気については，外気の汚染状況を見ながら室内空気に影響しない範囲で行うことが必要である。

4 換気の注意点2（構造内部からの汚染物質の侵入）

　機械換気の効果は，換気量を確実に確保できることである。しかし，機械換気の設計施工が適切でない場合には，室内の空気汚染を防止できない場合がある。キッチンの排気ファンの運転や排気型常時換気設備を運転すると，室内の気圧が下がる。この気圧の低下によって，床下，天井裏，壁など，室内からは見えない構造の内部の空気が，隙間を通って室内に流れてくる。気密化された住宅においても，ある程度の隙間が各所にある。隙間は，壁と床の接合部，壁と天井の接合部，コンセント，スイッチ，照明などにもあり，内部から室内への侵入経路になっている（**図 -3.3.5**）。

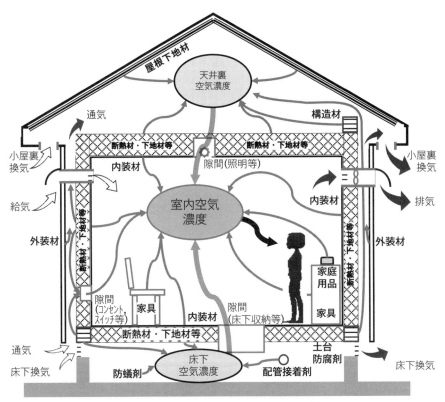

図 -3.3.5　構造内部からの汚染物質の侵入 [3]

　構造の内部には，木材を接着剤で接合した工業化建材，断熱材，配管や配線，防腐剤，防蟻剤等が使用されており，それらからさまざまな化学物質が放散する。断熱材の内部などで温度が低い部分が生じると結露が発生し，さらにカビが発生することがある。また，床下は一年を通じて温度が低く湿度が高いために，カビが発生しやすくなっている。

　内部の化学物質やカビは，室内の気圧が下がると室内に侵入して室内空気汚染の原因になる。2003年の建築基準法改正では，内部の化学物質が室内空気汚染の原因になることを防ぐために，内部についてもホルムアルデヒドを含む建材の使用を制限し，床下で使用していたクロルピリフォスの使用を禁止した。しかし，この他の物質が室内空気汚染の原因になることが懸念されている。建設時には，気密性能，換気方式を踏まえて，室内表面の建材ばかりではなく，内部の建材についても配慮する必要がある。また，内部で結露やカビが発生しないようにすることも必要である。壁や天井では，防湿気密層を設け，さらに通気層を設けて湿気を排出するなどの対策が必要である。床下では地面に防湿層を設け，さらに換気口を設けて湿気を排出するなどの防湿対策が重要である。また，基礎断熱工法を用いて湿気対策をする方法もある。

　換気設備の適切な設計施工も重要である。排気ファンの運転によって室内気圧を大きく低下させないために，給気口を十分に設ける必要がある。給気口が少ないと室内気圧が大きく低下し，構造の内部から多くの化学物質が室内に侵入する。このような場合，機械換気の運転によって室内空気汚染の悪化が懸念される。

　機械換気を運転すると化学物質臭やカビ臭がかえって増すようなことがあれば，換気設備，化学物質の使用，防湿対策に問題がある可能性がある。原因の特定と対策について，専門家に相談することが必要である。

◎参考文献（3.3）

[1] 国土交通省：建築基準法に基づくシックハウス対策について　https：//www.mlit.go.jp/jutakukentiku/build/jutakukentiku_house_tk_000043.html
[2] 新谷理一，金勲，東賢一，本間義規，菊田弘輝，阪東美智子，長谷川兼一，林基哉：新築戸建住宅の常時換気設備と室内空気環境の実態に関するアンケート調査，日本建築学会大会梗概集，2022.9
[3] 室内空気対策技術ハンドブック編集委員会編：室内空気対策技術ハンドブック，住宅リフォーム・紛争処理支援センター，2005

3.4 温湿度制御と結露の防止

 居住空間と湿度

　住宅の湿度環境の形成には種々の湿気の移動が関わり，**図 -3.4.1** のように，人体や調理など生活に伴う水蒸気発生や，外気や地盤からの流出入がある。また，床下や小屋裏内でも湿気の流出入が生じている。このように建築空間は湿り空気（水蒸気を含んだ空気）で満たされているが，この温度が下がると，やがて飽和状態に達する。さらに温度が下がると，余分な水蒸気は液体の水となり，これが壁体やガラス面に付着し結露が生じる。

　室内での水蒸気が多ければ相対湿度が上昇するが，壁面への吸湿や換気は水蒸気を除去するので，それらの結果として相対湿度が決まる。また，特に冬の場合には，外の乾燥した空気を換気として居室に導入するため，暖房された室内では相対湿度が低下し乾燥する。このように，相対湿度を適正範囲に収めるためには，

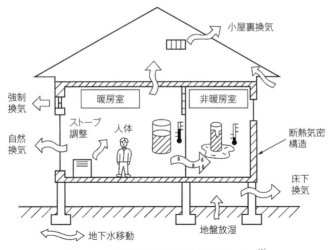

図 -3.4.1　住宅における湿気の典型的な流れ[1]

125

水蒸気発生，壁面への吸放湿量，換気量，室内温度のバランスを考慮する必要がある。

② 健康維持のための湿度環境

　室内の湿気は在室者の温熱快適性や健康，結露の発生などに影響するため，適正範囲があると考えられる。**図 -3.4.2** は湿度に関連して生じる種々の健康影響要因に着目し，それを最小限に抑制するための相対湿度の範囲を提示した例 [1] であり，40〜60 ％を適正範囲としている。一方，わが国の建築物衛生法では相対湿度を 40〜70 ％に維持するよう規定している。相対湿度に関連する健康影響要因は複数あり，それぞれの観点から上限と下限が判断される。結果として，最も問題が生じる可能性が低い範囲を維持すべき相対湿度とすることが妥当であろう。

　湿度は温冷感に影響すると考えられるが，低湿度側の影響は小さいことが指摘されている。ASHRAE [2] によると，熱的快適性のための湿度の下限値は設けられていないが，皮膚や目の乾燥，粘膜の炎症や静電気の誘発のような現象においては低湿度環境を受容できる下限値の存在の可能性を示唆している。低湿度な環境は，①肌，喉，目，粘膜の乾燥感のような，人の生理反応に関連するとともに，

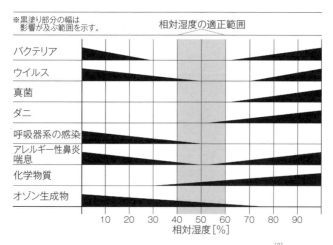

図 -3.4.2　健康面から見た相対湿度の適正範囲の例 [2]

②インフルエンザウイルス生存率を上昇させたり，③静電気を引き起こす原因となるため，適度な湿度を保つことが望ましい。一方，皮膚には乾燥を知覚する受容器は見つかっていない[3]ことから，人が湿度を直接知覚しているのか，またどのような状態を「乾燥する」と捉えているのかは不明な点が多い。さらに，室内空気汚染や低温への曝露に伴う鼻腔や上気道の刺激を乾燥の知覚と認識する可能性もあるなど，乾燥感の原因が低湿度であることのみとすることは難しいのが現状である[4]。

　湿度の上限には，①カビ・ダニの生育，②健康影響の観点から望ましい範囲を設定できそうである。カビの生育について，菌糸は相対湿度が高いほど延びる速度が速いが，55 ％以下になるとほとんど成長しなくなる[5]。ダニの生育は，温湿度が高くなるほど顕著になり，相対湿度が70% 以上になるとダニ数が多くなるが，50 ％以下では半減する[6]といわれている。また，高湿度な状態を示すダンプネスと健康影響との関連を示す知見は多い。**図 -3.4.3** のように，ダンプネスに起因する室内環境の汚染には微生物や化学物質などの具体的な曝露要因が存在し，それらが健康に影響するという因果関係が成立すると考えられる。このようなメカニズムの成立を防除するための湿度環境を探ることが期待される。

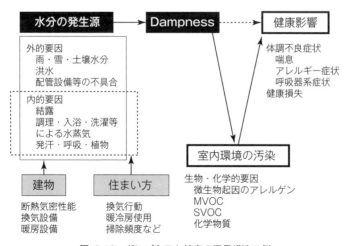

図 -3.4.3　ダンプネスト健康の因果構造の例

③ 結露を防ぐための計画

　建築における結露は，建築部位の表面にて発生する。これは，室内や小屋裏，床下，壁体内部であっても同様である。いずれの場合でも結露防止の基本は，①余分な水蒸気を室内で発生させない，あるいは室内に流入させないこと，②部位や材料の表面を露点温度以上に保つこと，である。

　住宅では窓の結露が目視されることが多いが，これは表面温度が他の部位よりも低いためである。また，鉄骨などの金属材料が使われる場合には熱橋が生じやすいため，室内側表面の温度が低下し結露が発生する可能性が高い。断熱住宅の気密化は，室内の水蒸気を壁体内部に流入させないために必要な対策として有効である。その他，非暖房室に水蒸気が移動した場合，各部位表面が露点温度以下であれば結露するため，換気により水蒸気の移動を抑制することや非暖房室であっても極端に温度が低い部位とならないよう断熱化を図ることなどに配慮すべきである。

◎引用文献 （3.4）

(1)　住宅・建築省エネルギー機構：結露防止ガイドブック，47，p.4，1992.

◎参考文献 （3.4）

[1]　E. M. Sterling, A. Arundel and T. D. Sterling：Criteria for human exposure to humidity in occupied buildings, ASHRAE Transactions, Vol. 91, Part 1, pp.611-622, 1985

[2]　ANSI/ASHRAE Standard 55-2022：Thermal environmental conditions for human occupancy, 2022

[3]　本間研一：環境生理学，北海道大学出版会, p.301，2007.2

[4]　P. Wolkoff：The mystery of dry indoor air - A overview, Environmental International, Vol.121, Part 2, pp.1058-1065, 2018

[5]　菅原文子：室内の微生物汚染，空気調和・衛生工学会，第62巻，第7号，pp.31-34，1988

[6]　Takaoka M.：House Dust Mite in Japanese Building and Effect of Essential Oil, Proceedings for International Symposium on Mite and Midge, Allergy, pp.42-56, 1988

3.5 全館空調住宅の性能
－アレルギー対策を目指した住まいの効果－

1 空気清浄機能を搭載する全館空調住宅の仕組み

　アレルギー症状の緩和には，症状の原因となる物質であるアレルゲンを取り除いた環境を整備することも有効である。住宅の室内空気中を浮遊する花粉，ハウスダスト，$PM_{2.5}$ などのアレルゲンを除去するには，室内に空気清浄機を設置することが1つの方法としてあげられる。一方，近年では，住宅の断熱気密化が進められ，シックハウス対策として建築基準法の改正により 2003 年 7 月以降は 24時間機械換気システムの設置が義務付けられるなど，換気の重要性が増しているが，外気には花粉や $PM_{2.5}$ などが含まれていることから，換気により室内へ導入される外気中のアレルゲン除去も重要である。そこで，本節では，アレルギー対策を目指した住宅として開発された空気清浄機能を搭載する全館空調住宅の仕組みとその効果について紹介する。

　空気清浄機能を搭載する全館空調住宅は，高い断熱気密性能を保有し，エアコンによる冷暖房と 24 時間換気を行う空調・換気システムが設置されている。**図-3.5.1** に空調・換気システムの概要を，**図 -3.5.2** に住宅全体における空調・換気

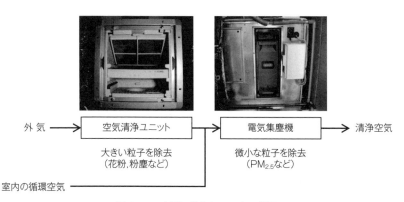

図 -3.5.1　空調・換気システムの概要

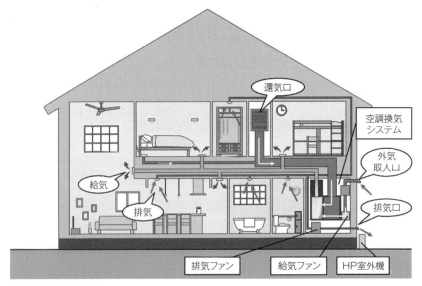

図-3.5.2 住宅全体における空調・換気システムの仕組み

システムの仕組みを示す。外気取入口から導入された外気は，防虫フィルターと中性能フィルターから構成される空気清浄ユニットを通過し，花粉などの主に粒径10μm以上の大きな浮遊微粒子を除去する。その後，プレフィルタ，電子セルから構成される電気集塵機を通過し，$PM_{2.5}$などの微小な浮遊微粒子を除去して，冷温器（エアコン）にて冷暖房された空気が各室給気口から室内へ供給される。また，主に2階ホールに設置された還気口から電気集塵機前に還気空気が戻され，導入外気と合流し，室内空気を循環させることで室内空気中の浮遊微粒子を除去する。このように，本システムでは，換気により導入する外気を一元化して扱うことができ，また，還気により室内空気が循環することから，導入される外気と室内空気中のアレルゲンを同時に除去することが可能となる。

② 空気清浄機能を搭載する全館空調住宅の効果

空気清浄機能を搭載する全館空調住宅の効果を検証することを目的として実施した，当住宅への転居前後における室内アレルゲン量の実測結果と居住者のアレ

ルギー症状の検診結果の比較について一例を紹介する[1],[2]。

　調査対象は，群馬県，栃木県，埼玉県，東京都内の調査に同意が得られた 33 世帯であり，空気清浄機能を搭載する全館空調システムを設置した住宅と，この住宅に転居する前の住居において室内アレルゲン量の実測と居住者のアレルギー症状に関する検診を行った。転居前の住居は調査対象により異なるが，木造や軽量鉄骨造の賃貸アパートが多く，その他，築 20 年以上の戸建て住宅などが含まれる。

　室内アレルゲン量の測定は，原則として，転居前に 1 回と転居後は 1 か月目と 6 か月目に 2 回実施し，居住者のアレルギー症状の検診もほぼ同時期に実施したが，データ分析については，転居後 3 か月未満，転居後 4～6 か月，転居後 7 か月以上と詳細に分けて比較し，時間経過の影響について検討した。居住者のアレルギー症状に関する検診は，大学病院にて実施し，アレルギー症状の改善を判断する指標として，居住者から採血した血中の活性化 CD4 + T 細胞比率について分析した。活性化 CD4 + T 細胞は，CD4 蛋白分子を細胞表面に発現する T 細胞であり，アレルギー反応などに関与するもので，活性化 CD4 + T 細胞比率の低下からアレルギー症状の改善を判断することができる[1]。

　図 -3.5.3 に転居前後における室内アレルゲン量の比較の一例として，粒径 0.3 μm 以上の浮遊微粒子濃度，浮遊真菌濃度，ダニアレルゲン量の測定結果をそれぞれ示す。転居前後での有意差の検定にはウィルコクソンの符号順位和検定（有意水準：$p = 0.05$）を用いる。室内アレルゲン量は，いずれも転居前と比較して転居後の 1 回目，2 回目の測定結果ともに有意に低下していることがわかり，空気清浄機能を搭載する全館空調住宅の効果が確認できる。なお，ダニアレルゲン量についても有意に低下が認められたが，測定ではダスト中のダニアレルゲン量を対象としており，また，ハウスダストは粒径が大きく，室内空気中の浮遊時間は数十分間と短時間であることが考えられ，空気清浄機能による除去効果よりも居住者による定期的な清掃や寝具の新調等の効果による影響が大きいと考えられる。

　図 -3.5.4 にアレルギー患者群の転居前後におけるアレルギー症状の比較を示す。活性化 CD4 + T 細胞比率は，数値が低いほど症状が軽度であることを示す。転居後 3 か月未満では転居前と比較して有意に低下は認められなかったが，転居後

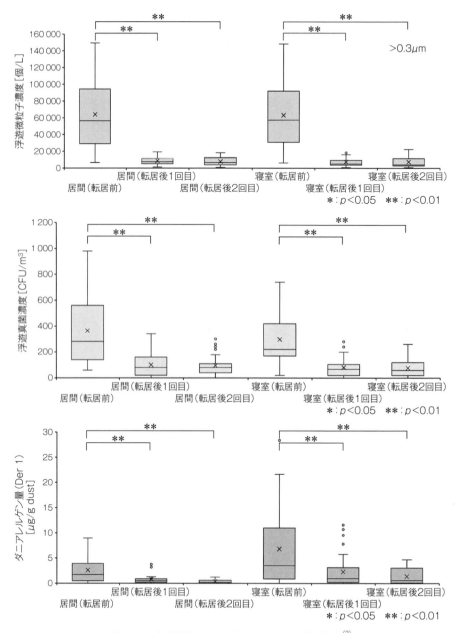

図 -3.5.3 転居前後における室内アレルゲン量の比較[2]

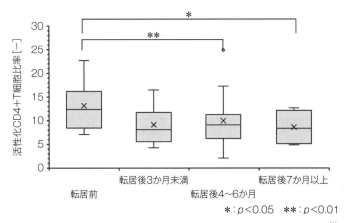

図 -3.5.4　アレルギー患者群の転居前後におけるアレルギー症状の比較 [2]

4〜6 か月（$p < 0.01$），転居後 7 か月以上（$p < 0.05$）では有意に低下が認められ，転居後の経過時間がアレルギー症状の改善にも影響していると考えられる。

　以上の結果から，空気清浄機能を搭載する全館空調住宅へ転居することで，転居前と比較して室内アレルゲン量が有意に低下した室内環境下で生活することができ，転居後 4 か月以上経過した後では，アレルギー症状が改善したことがわかった。

◎引用文献（3.5）

（1）　土橋邦生，久田剛志，小河原はつ江，宇津木光克，石塚全：住宅環境改善によるアレルギー性炎症の改善効果の検討，第 21 回日本アレルギー学会春季臨床大会，2009.6

（2）　Teruaki Mitamura, Kunio Dobashi, Hiroki Harasawa：Relationship between indoor allergen and occupants' allergic symptoms before and after moving in the house with the countermeasure against allergy, Proceedings of 40th AIVC Conference, Oct. 2019

3.6 空気清浄機の除去性能

❶ 化学物質と微粒子

■空気汚染物質とアレルゲン

　室内には数多くの空気汚染物質が浮遊している。空気汚染物質は粒子状物質とガス状物質に大別され，ダニ，カビ，花粉などのアレルゲンは粒子状物質に，臭気や化学物質はガス状物質に含まれる。また，化学物質の中には，アレルギー症状を憎悪させるものがある。

　$PM_{2.5}$や黄砂の越境汚染が話題となっているが，これらの表面に付着する化学物質，真菌，金属は，各種のアレルギー症状を引き起こす。

■空気清浄機の性能指標（相当換気量）[(1)－(3)]

　空気清浄機の性能を比較する際に，除去性能の大小を示す性能指標が必要となる。性能指標の一つに，相当換気量 Q_{eq}（m^3/h）がある。この指標は空気清浄機の浄化能力を示すもので，この値が大きいほど除去性能が大きい。

　相当換気量 Q_{eq} は，空気清浄機を大型チャンバー内で運転し，チャンバー内の濃度を測定するチャンバー試験から求められる。

　ところで，次式（1）に示すように，相当換気量 Q_{eq} は，空気清浄機の風量 Q（m^3/h）に空気清浄機のフィルターの除去率 η（％）を乗じた関係にある。この関係を利用して，空気清浄機の風量とフィルター試験の結果から，相当換気量を求めることもできる。

図-3.6.1　空気清浄機

相当換気量 Q_{eq}（m³/h）＝空気清浄機の風量 Q（m³/h）×フィルターの除去率 η（％）　　　（1）

相当換気量 Q_{eq}（m³/h）は，空気清浄機の風量 Q（m³/h）が大きいほど，またフィルターの除去率 η（％）が高いほど大きくなることがわかる。

高性能のフィルターには，HEPA（High Efficiency Particulate Air Filter）とULPA（Ultra Low Penetration Air Filter）がある。HEPA（呼称：ヘパ）は 0.3 μm の粒子を 99.97 ％捕集でき，ULPA（ウルパ）では 0.15 μm の粒子を 99.9995 ％捕集できるフィルターを意味する。留意すべき点は，高効率のフィルターを使用すると，圧力損失が大きくなり，空気清浄機の風量 Q（m³/h）が減少してしまい，相当換気量 Q_{eq}（m³/h）も減ってしまうことである [4]。実際の住宅では，HEPAを搭載する空気清浄機で十分と考えられる。

■換気と空気清浄機の効果

室内空気汚染対策の基本は，①汚染物発生源を室内に持ち込まないこと，②汚染物発生源を室内から取り除くこと，③換気をすることである。

東京都は新型コロナ対策として，次の5か条を公表している [5]。

1. 常にマスクをつける，2. 手洗いをする，3. 換気を行う，4. 環境消毒，5. 3密を避ける。

外気が清浄な場合に，換気は室内濃度を確実に低下させる。そのため，新型コロナ問題を契機にその重要性が再認識された。

しかし，外気温の低い冬季など，換気量を増やすには障壁がある。そこで，厚生労働省は，新型コロナウイルスの防止対策として，空気清浄機の併用を提言した。ただし，空気清浄機の性能はまちまちで，粒子を高効率に捕る HEPA フィルターを装着したものに限定した経緯がある [6]。

空気清浄機は，換気のように室内濃度を下げるため，換気のように扱う指標が相当換気量 Q_{eq} である。

この相当換気量 Q_{eq} は，空気清浄機試験法の国際標準化（IEC/TC59/SC59N, Electrical air cleaners for household and similar purposes）が進展する中，空気清浄機の評価指標として本指標が取り上げられ，CADR（Clean Air Delivery Rate）という呼称で使用され [7]，国内では新型コロナ問題を契機にこの指標が

広く使われ始めた。

　一般住宅では1時間あたり0.5回の換気回数 n（1/h）が，建築基準法で求められている。これを実空間の8畳間（気積：約30 m³）で考えると，1時間に30 m³の1/2の量の空気，すなわち15 m³が入れ替わることになり，この8畳間には15 m³/h の換気量 Q（m³/h）があることを意味している。

　ちなみに，室の気積 R（m³），換気量 Q（m³/h），換気回数 n（1/h）には，次式（2）の関係がある。

$$換気量\ Q\ (m³/h) = 換気回数\ n\ (1/h) \times 室の気積\ R\ (m³) \tag{2}$$

ところで，室内で相当換気量150 m³/h の空気清浄機を使用すると，1時間あたりに対象汚染物質を含まない150 m³の浄化空気が，室内に供給されることになる。そのため，この空気清浄機の使用室では，1時間当たりに実際の換気量15 m³に相当換気量150 m³が加わり，見かけ上の換気量は165 m³に増えることになる。空気清浄機性能の過信は禁物であるが，HEPA フィルターを搭載した空気清浄機を試験すると，室内の粒子濃度は，この見かけ上の換気量に基づいて確かに減少する。

　ただし，空気清浄機の機器性能は，メンテナンスや使われ方などの影響を受けるため，機器性能の過信は禁物である。大きな相当換気量を有する空気清浄機であっても，空気清浄機は換気を補完するものであること忘れてはならない。

■化学物質の健康影響

　ある種の化学物質は単独ではアレルゲンにはならないが，一緒に吸い込むとアジュバント物質としてアレルギー症状を悪化させる[1]。

■化学物質の除去性能の実態 [9], [10]

　家庭用の空気清浄機のカタログには，「集塵」「脱臭」という用語が使われているが，粒子除去を「集塵」，ガス除去は「脱臭」と呼んでいる。ここで，脱臭には臭気物質のみならず，有害な化学物質も含まれていることに留意すべきである。一般に，空気清浄機では，集塵性能に比較して，脱臭性能は小さい傾向がある。

　HEPA フィルター使用の空気清浄機における集塵性能は，カタログに記載されている機器風量から，およそ算定できる。**図 -3.6.2** では7台（A から G）の空

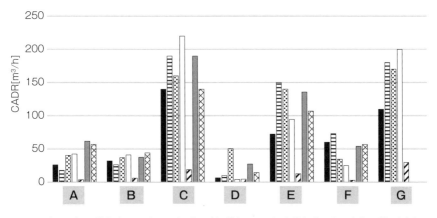

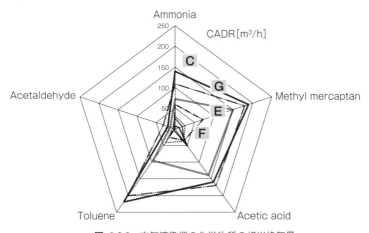

図 -3.6.2 空気清浄機の化学物質の相当換気量

気清浄機の脱臭性能を示すが，これらの空気清浄機の集塵性能は，相当換気量で
おおむね 300 m³/h であった。**図 -3.6.2** では，各空気清浄機のアンモニア
（Ammonia），メチルメルカプタン（Methyl mercaptan），酢酸（Acetic acid），
トルエン（Toluene），アセトアルデヒド（Acetaldehyde），イソ吉草酸（Isovaleric
acid），インドール（Indole）の臭気物質ごとの相当換気量（CADR）を示している。
これらの空気清浄機の脱臭性能は 50～200 m³/h 程度であり，集塵性能に比較す
ると明らかに小さい。

臭気物質（化学物質）の除去性能は物質ごとに異なるが，およそ高：100〜200 m³/h，中：50〜100 m³/h，低：50 m³/h未満に分類された。**図-3.6.2**のレーダーチャートを見ると，機器 C,E,F,G は，機器 A,B,D よりも優れているが，何れの機器においても，有害なアセトアルデヒドの除去性能が集塵性能に比較すると極端に小さいことがわかる[(3),(9)]。

■微粒子（PM$_{2.5}$，UFP）の健康影響

PM$_{2.5}$（微小粒子状物質）と粒径がさらに小さい UFP（超微粒子）が，呼吸器や循環器の疾患を引き起こす要因となることが，明らかになってきた。とくに，空気中を浮遊する粒子状物質の中でも，粒径が 2.5 μm 以下の PM$_{2.5}$ と 0.1 μm 以下の UFP が健康に大きなリスクを及ぼすことが指摘されている[(8),(11)]。

■ PM$_{2.5}$ と UFP 除去性能の実態 [(10),(12)]

室内空気中の微粒子を除去することで，アレルギー症状が緩和される可能性がある。**図-3.6.3** は大型チャンバー内に粒子を散布し，空気清浄機運転に伴う粒子の挙動を示したものである。空気清浄機の側面に粒子が吸い込まれ，空気清浄機の上部から浄化された空気が排出されている。

図-3.6.3　空気清浄機（A2 社）近傍の粒子

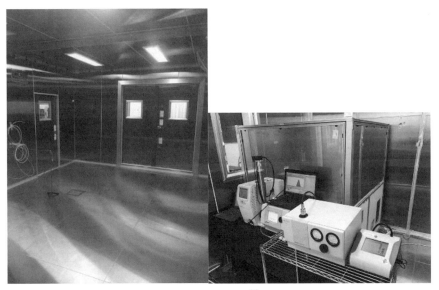

図 -3.6.4　国際規格の空気清浄機試験 [7]（暮らしの科学研究所）
（大型チャンバー（左）微粒子の測定（右））

　空気清浄機を実大空間（30 m³ 程度）で試験し，実性能を相当換気量と同義の CADR（Clean Air Delivery Rate）で評価する国際試験法が策定されている。**図 -3.6.4** ではその実際の試験風景が示されている。

　図 -3.6.5 は大型チャンバー内でたばこ煙を発生させ，空気清浄機（H）の運転に伴うチャンバー内 $PM_{2.5}$ 濃度の変化を求めたものである。空気清浄機を運転しない（自然減衰）場合と運転する（機器運転）場合のチャンバー内の $PM_{2.5}$ 濃度を示したものであるが，自然減衰時には $PM_{2.5}$ 濃度に目立った変化は見られないが，空気清浄機を運転すると，チャンバー内の $PM_{2.5}$ 濃度は明らかに低下した。

　同様に，**図 -3.6.6** は大型チャンバー内で KCL（塩化カリウム）粒子を発生させ，空気清浄機（H）の運転に伴うチャンバー内の UFP 濃度の変化を示したものであるが，空気清浄機運転に伴い，チャンバー内の UFP 濃度は明らかに減少した。

　また，このような実験を通して，空気清浄機における粒子径ごとの除去性能が求まる。この空気清浄機は，$PM_{2.5}$ に対して相当換気量で 310 m³/h を示した。

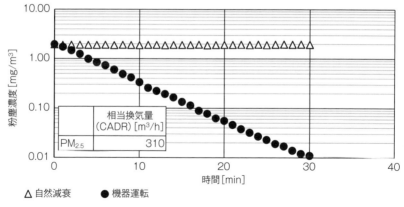

図 -3.6.5　空気清浄機（H）運転に伴うチャンバー内 PM$_{2.5}$ 濃度の変化

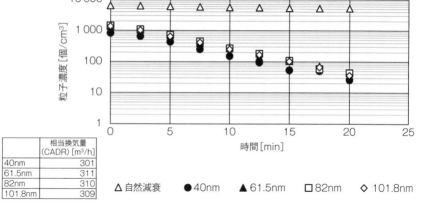

図 -3.6.6　空気清浄機（H）運転に伴うチャンバー内 UFP 濃度の変化

　また，アレルギー症状を憎悪させ，新型コロナウイルス飛沫核と同程度の大きさの微粒子（40～100 nm）の相当換気量は 301～311 m^3/h となり，PM$_{2.5}$ と同等の値を示した。

　このような集塵性能を有する空気清浄機を室内で使用すれば，PM$_{2.5}$ と UFP は効果的に除去されることがわかる。

空気清浄機の除去性能－カビ（真菌）－

室内でのカビ（真菌）の発生を抑止し，室内空気中のカビ（真菌）を除去することで，アレルギー症状が緩和される可能性がある[12]-[14]。

■真菌除去性能の実態

図-3.6.7 は 8 畳サイズの大型チャンバー内でアオカビ（*Penicillium citrinum*）を発生させ，空気清浄機を運転しない（自然減衰）と運転する（機器運転）場合のチャンバー内の真菌子濃度を示したものである。自然減衰時には微粒子濃度に目立った変化は見られないが，空気清浄機を運転すると，室内濃度は明らかに低下する。また，このような実験を通して，空気清浄機における真菌ごとの除去性能が求まるが，この空気清浄機は，アオカビに対して 242 m³/h の相当換気量を示した。真菌（カビ）の浮遊する室内で HEPA フィルターを搭載した空気清浄機を使用すると，室内濃度は粉塵と同様に明らかに低下する。242 m³/h の相当換気量は，新築住宅換気量に比較して，16 倍も大きいことを示し，粉塵やカビを明らかに低下させる。

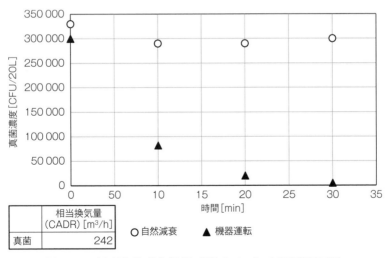

	相当換気量 (CADR) [m³/h]
真菌	242

○自然減衰　　▲機器運転

図-3.6.7 空気清浄機（*N*）運転に伴うチャンバー内真菌濃度の変化

◎引用文献 （3.6）

(1) JACA No.50-2016，空気清浄機の性能評価指針，日本空気清浄協会，2016.7

(2) 野﨑淳夫，飯倉一雄，大澤元毅，吉澤　晋：家庭用空気清浄機のガス状物質除去特性に関する研究，ホルムアルデヒド除去効果，日本建築学会計画系論文集，Vol.554，pp.35-40，2002

(3) 野﨑淳夫：業務用空気清浄機における規制基準，試験評価，および実性能について，建築設備と配管工事，pp.11-16，2014

(4) 室内空気清浄便覧，オーム社，2000

(5) 新型コロナウイルス感染症対策の基本方針，東京都防災 HP

(6) 冬場における「換気の悪い密閉空間」を改善するための換気について，厚生労働省，2020.11.27

(7) IEC 63086-1 Part-1 General requirements，2020.4

(8) 梅澤雅和：大気中の微小粒子（$PM_{2.5}$）とナノ粒子の健康リスク，環境・衛生薬学トピックス，日本薬学会環境衛生部会 HP

(9) 野﨑淳夫：家庭用空気清浄機における臭気物質除去性能の実態，空気清浄，第 57 巻，第 6 号，pp.1-10，2021

(10) 野﨑淳夫：環境アレルギーと新型コロナなどの感染症向け対策製品の性能，室内環境学会，2021

(11) 鍵直樹ほか：建築物の空調機及びエアフィルタの超微粒子捕集特性，日本建築学会環境系論文集，Vol.84（755），pp.65-71，2019

(12) 野﨑淳夫：エアフィルタ・ろ材，マスク，空気清浄機，換気による新型コロナ感染症対策（研究最前線），クリーンテクノロジー，2021.11

(13) 柳宇，三浦邦夫，入江建久，池田耕一：空調用ダクト内付着粒子状物質の挙動と制御に関する研究，空気調和・衛生工学会論文集，No.86，pp.97-105，2002

(14) 柳宇，鍵直樹，大澤元毅，池田耕一：個別方式空調機内におけるカビ増殖特性に関する研究，空気調和・衛生工学会論文集，No.218，pp.31-38，2015

3.7 開放型燃焼器具（暖房器具）からの 汚染物質と必要換気量

　燃焼排ガスを室内に排出する開放型の暖房設備は，室内空気質を著しく劣化させる。したがって，使用時には換気を適切に行うことが重要であることは論を俟たないが，ここでは，燃焼型の暖房器からどのような汚染物質が発生するのかについて述べ，最後に必要な換気量について示すこととする。

　前半では，6畳サイズ（気積：25 m³）の大型チャンバーの換気量を一定に制御し，チャンバー内で反射式石油ストーブと石油ファンヒーターを使用した際の室内の汚染物質濃度の変化について解説する。

 ## 燃焼器具による室内空気汚染

　数ある空気汚染物質の中でも，燃焼排ガスはCO，CO_2，粉塵（煤や微小粒子），NO_xなどの汚染物質を多量に含む点に特徴がある。燃焼排ガスが室内空気質に及ぼす悪影響は大きく，古くから研究がなされてきた。

　わが国は燃焼排ガス研究の先進国であり，1903年（明治39年）には各種ストーブのCO発生に関する実験結果が報告されており[1]，1933年（昭和8年）には木炭，練炭，石油，電気，ガスなどのストーブと火鉢から発生する，塵埃，CO，CO_2と暖房効果に関する研究報告がなされ[2]，1963年には開放型ストーブを使用する室内の空気汚染防止のための必要換気量が明らかにされている[3]。また，電化されたキッチンでは，ガス・石油燃焼器具を使用する室内に比較してNO_2濃度は低く，かつ子どもの呼吸器系有症率が低くなるため[4][5]，燃焼排ガスを特別な空気汚染物質と見なす報告もある[6]。

　ところで，開放型燃焼器具の使用による室内酸素濃度の低下は避けられない。この酸素濃度低下は，器具のCO発生量を増大させ，一酸化炭素中毒事故の原因となっていた。そこで，吉澤は器具のCO発生量が，悪化する室内酸素濃度を実験的に求め，19～18％付近であることを明らかにし，器具の許容発生量を酸素

濃度との関係から定量化した[(3), (7), (8)]。この研究成果をもとに，室内酸素濃度の低下を防止する火気使用室の換気基準が，1970年代の建築基準法施行令により制定され，わが国のCO中毒事故は，激減した経緯がある。

燃焼器具によるCO中毒事故の問題は解決の方向に向かったが，空気汚染物質の低濃度曝露の問題が残っていた。この問題の解決には，住宅の空気・温熱環境の特性の解明が求められた。そこで，吉野らはわが国住宅について，その気密・温熱性能を定量化した換気計画法を明らかにし，換気効率の良い換気システムの考え方を示した[例えば (9), (10), (16), (17)]。

2000年代からは，VOC，カルボニル化合物，$PM_{2.5}$などの微粒子など研究が盛んに行われるようになった[(11) – (15)]。住宅の気密化が進み，NO_xやVOCなどの室内発生源がある場合，新たな大気環境基準と室内濃度指針値の策定も必要となっている[(18)]。

② 室内汚染物質濃度の成り立ち

室内汚染物質濃度は，建物の気積，換気特性，吸着や沈着，建材・機材などからの発生，間取り，室内滞在者の活動などの影響を受ける[(9), (12)]。そのため，実測調査の結果から，暖房器具などの汚染物質発生特性やある室内の汚染物質濃度を予測するには大きな困難が付きまとう。

この課題の解決には，シックハウス問題以降に普及した換気量，温湿度などが制御できる大型チャンバーを活用した研究に期待がかかっている。

このような背景から，大型チャンバーを用いて，換気量制御を行い，暖房器具使用時の室内濃度の変化や器具の汚染物質発生量を求める研究が進められている[(21)]。

③ 開放型石油暖房器具

開放型石油暖房器具は，反射式，対流式，ファンヒーターに分類され，住宅では反射式とファンヒーターが使用されている（**図 -3.7.1**）。

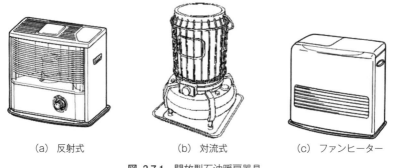

(a) 反射式　　　　　(b) 対流式　　　　　(c) ファンヒーター

図 -3.7.1　開放型石油暖房器具

4　実験の概要

　今日，大型チャンバーを用いた開放型石油暖房器具の燃焼実験が行われ，各種汚染物質の濃度が明らかになっている。実験チャンバーは6畳サイズ（25 m³）の気積を有し，温度，相対湿度，換気回数が任意に制御できるステンレス製であり，その仕様が以下に示されている（**図 -3.7.2**，**図 -3.7.3**）。

　2003年以降に新築された住宅では，建築基準法により計画換気ができる機械換気設備の設置が義務付けられている。大型チャンバーによる燃焼器具の実験

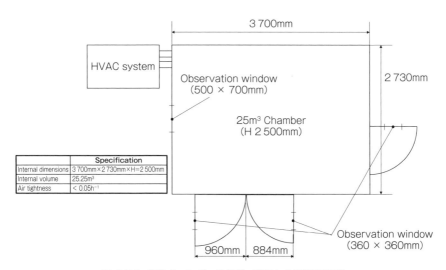

図 -3.7.2　実験チャンバーの仕様（暮らしの科学研究所）

図 -3.7.3 実験チャンバー（暮らしの科学研究所）

においては，実際の住宅と合わせるため建築基準法に基づき換気回数を 0.5 回 /h に制御し，常時新鮮空気が供給された。また，暖房器具を使用する際の室内の環境条件は，東北地方中部における冬季の室内環境に近づけるため，チャンバー内は温度：10 ± 3℃，相対湿度：30 ± 20 ％に制御し，器具使用後の温湿度制御は行わず成り行きとした。**図 -3.7.4** に実験システムの概要を示す。

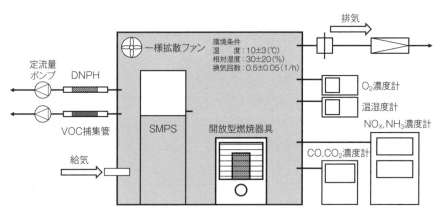

図 -3.7.4 大型チャンバーと測定システム

5 CO₂濃度

CO_2 は石油，石炭，木材などの燃焼，動植物の呼吸や微生物による有機物の分解，火山活動などによって発生する。人の呼気には約 4 %（40 000 ppm）の CO_2 が含まれており，人の呼気だけでも，室内濃度は 1 000 ppm を超えることがある。CO_2 濃度が高い室内は他の物質でも汚染されていることが多い。そのため，室内 CO_2 濃度は空気汚染の指標として用いられている。CO_2 濃度は 10 000 ppm（1 %）を超えて人体に何らかの影響（不快感）を及ぼす。30 000 ppm（3 %）で呼吸困難，頭痛，吐き気，視覚減退，血圧や脈拍の上昇，100 000 ppm（10 %）では視覚障害，けいれん，激しい呼吸，血圧の急上昇，意識喪失となる。

図 -3.7.5 に示すように，換気回数を 0.5 回 /h に制御したチャンバーで開放型の反射式石油ストーブを使用すると，室内 CO_2 濃度は著しく上昇し，数分後には基準値の 1 000 ppm を超過し，20 分後に機器の測定限界である 4 000 ppm に達した。

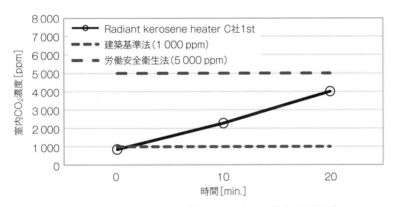

図 -3.7.5 反射式石油ストーブ使用時の室内 CO_2 濃度の経時変化

6 CO濃度

炭素や有機物が燃焼すると二酸化炭素が発生するが，酸素の供給が不充分な場合には不完全燃焼が起こり，一酸化炭素が発生する。

高濃度の CO を吸引すると，頭痛，耳鳴，めまい，嘔気などの臨床症状が現れ

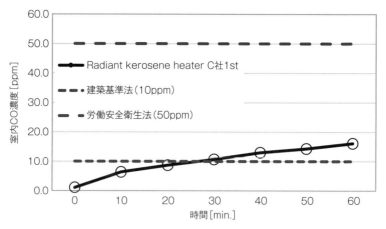

図 -3.7.6　反射式石油ストーブ使用時の室内 CO 濃度の経時変化

る。ヘモグロビンには酸素よりも一酸化炭素と結合しやすい性質があるため，血中の一酸化炭素結合ヘモグロビン（COHb）濃度の測定で，CO 中毒の診断がなされる。大気汚染に係る環境基準では「1 時間値の 1 日平均値が 10 ppm 以下であり，かつ，8 時間平均値が 20 ppm 以下であること」とされ，労働安全衛生法に基づく事務所衛生基準規則では，事務所内濃度は 50 ppm（空気調和設備または機械換気設備のある事務所では 10 ppm）以下とするよう定められている。

　図 -3.7.6 に示すように，大型チャンバー内で開放型の反射式石油ストーブを使用すると，室内 CO 濃度は徐々に上昇し，約 20 分後には以前の基準値の 10 ppm を超過した。

⑦ NO_x 濃度

　燃焼排ガスの中で窒素酸化物（NO_x）の有害性は高いが，大気中に存在する窒素酸化物は，一酸化窒素（NO），二酸化窒素（NO_2），一酸化二窒素（N_2O），三酸化二窒素（N_2O_3），四酸化二窒素（N_2O_4），五酸化二窒素（N_2O_5）などである。

　窒素酸化物の人体影響に関しては，大気汚染よりも室内の燃焼器具からの発生を懸念する報告も多い。室内での曝露影響を検討する際には NO と NO_2 が重要であるが，これらの室内基準値は定められていない。

■ NO 濃度

NO のヘモグロビンへの結合力は CO を大きく上回り，これを吸入するとヘモグロビン中の鉄分が酸化されて，酸素運搬能力のないメトヘモグロビンが生成される。そのため，NO によりメトヘモグロビン血症になることがある。また，NO は酸化作用で NO_2 に変化するため，NO にも注意したい。

図 -3.7.7 の下図に示すように，石油ファンヒーターでは，器具使用から 20〜30 分の間に室内 NO 濃度が上昇し，その後は横ばい，あるいは緩やかに低下した。

器具形式ごとに 60 分値（3回の実験の平均値）を求めると，反射式石油ストーブ（A）の NO 濃度は 238 ppb，石油ファンヒーター（A）：1 464 ppb を示した。

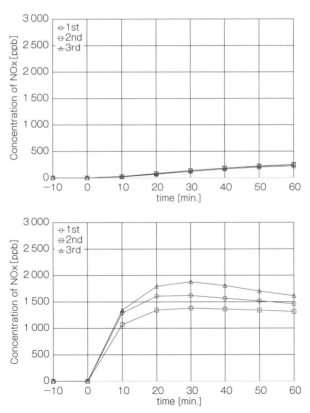

図 -3.7.7　開放型石油暖房器具使用に伴う室内 NO 濃度の経時変化
（上：反射式ストーブ　下：石油ファンヒーター）

■ NO₂ 濃度

NO₂ の健康影響は，短期曝露では急性呼吸器疾患の罹患，慢性呼吸器疾患の症状の増悪，肺機能への影響など，長期曝露では急性および慢性呼吸器疾患の罹患と悪化，肺機能への影響などである。NO₂ の主たる毒性は，酸化作用により生じ，水に低溶解性のために，吸入された NO₂ の 60 ％以上は末梢気道領域に達する。そのため，末梢気道から肺胞に影響を与えやすく，高濃度曝露では肺気腫が発生し，細菌感染に罹りやすくなるとされる。

反射式石油ストーブでの室内 NO₂ 濃度の上昇性はほぼ一定であったが，石油ファンヒーターでは 20 分までの濃度上昇性が大きかった。

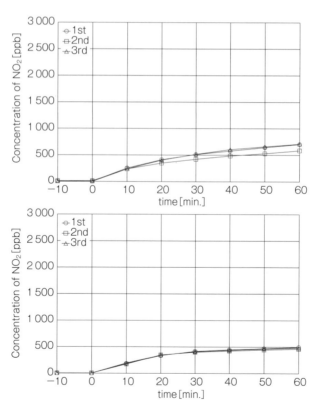

図 -3.7.8 開放型石油暖房器具使用に伴う室内 NO₂ 濃度の経時変化
（上：反射式ストーブ　下：石油ファンヒーター）

図-3.7.8 に示すように器具形式ごとに 60 分値（3 回の実験の平均値）を求めると，反射式石油ストーブ（A）の NO_2 濃度は 441 ppb，石油ファンヒーター（A）：667 ppb を示した。大気汚染防止法による NO_2 大気環境基準（60 ppb）と比較して，反射式石油ストーブ（A）は約 7.35 倍，石油ファンヒーター（A）では約 11.1 倍を示した。

 ## 8 微小粒子濃度

　小さな粒子といえば，身近なものでは花粉，小麦粉，片栗粉などがあるが，これらの粒子と比べて，超微粒子（UFP）との呼ばれるナノ粒子はずっと小さく 1 〜100 nm である。

　例えば，スギ花粉は約 30 μm（30 000 nm），小麦粉は 20〜150 μm（20 000 〜 150 000 nm），片栗粉は 2〜50 μm（2 000〜50 000 nm）であり，ナノ粒子がいかに小さいかがわかる[25]。現在，このような微小粒子の健康影響についての知見は充分ではないが，$PM_{2.5}$ やディーゼル排気粒子（DEP）などの動態解明と影響評価，微小粒子のアレルギーや免疫機構に及ぼす影響や循環機能に関する研究が行われている。米国では，ナノ粒子（超微粒子）の循環器の機能への影響，自律神経系への影響，血液が固まり血栓ができやすくなるなどの可能性が報告されている[24]。

　とくに，超微粒子（UFP）は呼吸器や循環器への悪影響，アレルギー疾患などの憎悪が懸念されている。そのため，身近な石油ストーブからの発生を求める実験が行われている[22],[26]。一般住宅の室内空気汚染を再現するために，6 畳サイズ（25 m^3）の大型チャンバーが使用され，換気回数が 0.5 回 /h での実験が行われた。

　図-3.7.9 に示すように，両器具において 100 nm 以下の微粒子，いわゆる超微粒子（UFP）の発生があり，室内濃度を上昇させている。とくに石油ファンヒーター（A）の上昇性が，反射式石油ストーブ（A）を上回っている。

　本石油ファンヒーターは，灯油燃料を気化させ，燃焼炉内で反射式石油ストーブに比較して高温で燃焼させている。この燃焼形態が器具の微粒子発生に影響を及ぼしているかも知れない。とくに，未燃炭化水素や他の汚染物質との化学結合，あるいは二次生成粒子などが影響しているものと考えられる。

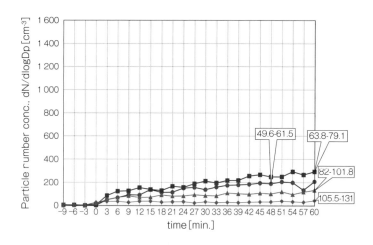

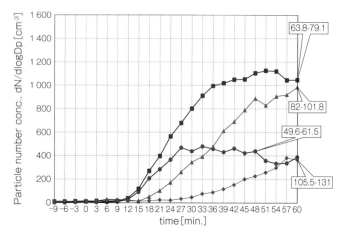

図 -3.7.9 開放型石油暖房器具使用に伴う室内 UFP 濃度の経時変化
（上：反射式ストーブ　下：石油ファンヒーター）

■粒子径分布

　器具から発生した微粒子はチャンバー内に拡散し，室内濃度を上昇させたが，**図 -3.7.10** に示すように微粒子の粒子径分布は，時間経過とともに小粒子径から大粒子径側に移行した。この現象は微粒子が室内に拡散した後に凝集して，より大きな粒子に移行したことにより生じたと考えられる[22]。

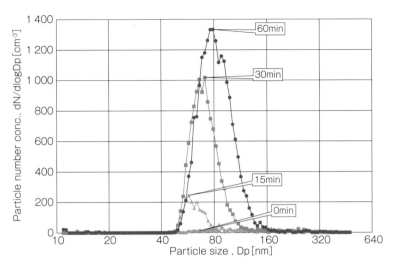

図 -3.7.10 石油ファンヒーター使用時の室内 UFP 濃度の経時変化

⑨ 酸素濃度

　室内酸素濃度の低下が，CO 以外の汚染物質について，燃焼器具の汚染物質発生特性に及ぼす影響が明らかになっている。室内酸素濃度が低下すると器具の燃焼炉温度が低下し，結果的に器具の NO_x の発生量は減少する。逆に，THC や VOC，ホルムアルデヒドなどは増大する[11]–[15]。

　図 -3.7.11 に示すように，本チャンバー実験では換気回数が 0.5 回 /h に制御しているにもかかわらず，反射式石油ストーブ使用 60 分後に室内酸素濃度は 19.5 ％程度まで低下した。

　さらに器具を使用することにより，室内酸素濃度はますます低下する。そのため，器具の一酸化炭素，アルデヒド，VOC などの発生量が増大し，室内濃度の急なる上昇が生ずることになる。業界団体が示す 60 分間に 1〜2 回の換気[23] は，妥当な使い方であろう。

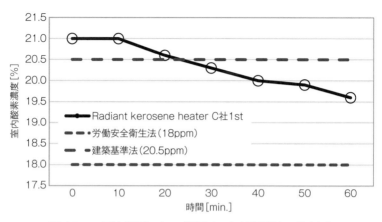

図 -3.7.11　反射式石油ストーブ使用時の室内酸素濃度の経時変化

⑩ 必要換気量

　現代の住宅では，気密化が進み建築基準法など法整備も相まって，1時間に0.5回程度の換気しか行われない。このような住宅で燃焼器具を使用する際には，空気汚染防止に必要な必要換気量を意識した生活が求められる。

　灯油が燃焼するためには，1.16 kW（1 000 kcal）あたりに，約1 m³の空気が必要とされている。日本ガス石油工業会は具体的な換気の情報を示している[27]。例えば，**表 -3.7.1** に示すように室内外の温度差が10℃で，窓の高さが120 cmの室内で2.33 kW（2 000 kcal/h）の石油ストーブを使用する。この時，必要換気量は20 m³/h と見積もられるが，窓の開放時間と開放幅は1分と86 cm となっている。このような事例を基に，1時間に1～2分程度の換気が必要とされている。

　また，このような条件で窓開け換気をしても，20℃あった室温は14.5～15.4℃まで低下するものの，1.2～1.4分後に元の室温に戻ると報告されている。

表 -3.7.1　開放型石油ストーブの暖房能力別の必要換気量

室内外温度差	暖房器具の暖房能力	最低必要換気量	開窓時間			
			1分	2分	3分	60分
10℃	2.33 kW (2 000 kcal/h)	20 m³/h	86 cm	44 cm	29 cm	1.46 cm
	2.49 kW (3 000 kcal/h)	30	132	66	44	2.22
20℃	2.33 kW (2 000 kcal/h)	20	62	31	21	1.03
	3.49 kW (2 000 kcal/h)	30	93	47	31	1.56
30℃	2.33 kW (2 000 kcal/h)	20	51	25	17	0.87
	3.49 kW (2 000 kcal/h)	30	76	36	25	1.27

注）窓の高さ120 cm，窓を開ける時間と幅

◎引用文献（3.7）

(1) 清水末吉：室内用各種暖炉試験成績，衛生試験彙法，第 11 号，pp.86-93，1906.4

(2) 石原房雄，広瀬孝六郎：各種「ストーブ」の衛生学的比較，東京顕微鏡学会雑誌，第 40 巻，第 1 号，1933.1

(3) 吉澤晋，小林陽太郎：煙突なしストーブの必要換気量について（3），日本建築学会関東支部第 39 回学術研究発表会，pp.85-88，1968

(4) Willard, A. Wade, *et al.*：A study of indoor air quality, journal of the air pollution control association, Vol.25, No.9, pp.933-939, 1975

(5) Melia *et al.*：Differences in NO$_2$ levels in kitchen with gas or electric cookers, Atomos. Environ., Vol.12, pp.1379-1381, 1978

(6) 例えば，J. D. Spengler, *et al.*：Sulfur dioxide and nitrogen dioxide levels inside and outside homes and the implication on health effects research, Environ. Sci. Technol., Vol.13, pp.1276-1280, 1979

(7) 例えば，吉澤晋：都市環境の開発保全のあり方研究（1），文部省「環境科学」特別研究，B71 R 15-1，pp.27-34，1980.4

(8) Susumu Yoshizawa：Japanese Experiences on the Control of Indoor Air Pollution by Combustion Appliances, Proc. of 3rd International Conf. on Indoor Air Quality and Climate, pp.193-198, 1984

(9) 吉野博：室内化学物質汚染の防止対策としての換気，建築雑誌，第 113 巻，第 1421 号，pp.44-47，1984.4

(10) 吉野博：住宅の気密性能と漏気量の現状，空気清浄，第 23 号，第 2 号，pp.29-40，1985.11

(11) 野﨑淳夫, 吉澤晋, 小峯裕巳：室内酸素濃度の変化が石油ストーブ, ファンヒーターのNOx, CO発生特性に及ぼす影響, 日本建築学会計画系論文報告集, 第411号, pp.9-16, 1990.5

(12) 野﨑淳夫, 小峯裕己, 吉澤晋：パッシブ法による室内NO$_2$濃度とその構成要因について（燃焼器具による室内空気の汚染と防止に関する研究（第1報）), 日本建築学会計画系論文報告集, 第416号, pp.9-16, 1990.10

(13) A. Nozaki, Susumu Yoshizawa, Koichi Ikeda：Prediction of nitrogen oxide concentrations in residences with unvented kerosene fired space heaters, Proc. of healthy building'95, pp.561-566, 1995

(14) 野﨑淳夫, 吉澤晋, 池田耕一：開放型石油暖房器具の窒素酸化物発生特性（その1), 日本建築学会計画系論文報告集, 第503号, pp.39-45, 1998.1

(15) 野﨑淳夫, 吉澤晋, 池田耕一, 入江建久, 堀雅宏：開放型石油暖房器具の非メタン炭化水素発生特性（Part 1), 室内VOC, ホルムアルデヒド汚染に関する研究（その1), 日本建築学会計画系論文報告集, 第517号, pp.45-51, 1999.3

(16) 吉野博, 天野健太郎, 飯田望, 松本麻理, 池田耕一, 野﨑淳夫, 角田和彦, 北條祥子, 石川哲：シックハウスのおける居住環境の実態と健康に関する調査研究, 日本建築学会環境系論文集, 第567号, pp.57-64, 2003.5

(17) 吉野博, 高木理恵, 林基哉, 李重勲, 田村一美, 丹波清美, 野村覚浩：熱交換器付きハイブリット換気システムの性能評価評価に関する研究, 第1報, 実験家屋を用いたシステムの性能評価実験, 空気調和・衛生工学会論文集, No.94, 2004.7

(18) 内山巌雄：室内空気質の指針値と大気環境基準, 空気清浄, 空気清浄, 第44巻, 3号, p.1, 2006.9

(19) 鍵直樹, 西村直也, 柳宇：事務所ビルにおける室内浮遊粒子の特性とPM$_{2.5}$濃度の実態調査, 日本建築学会技術報告集, 第18巻, 第39号, pp.613-616, 2012.6

(20) 環境省：微小粒子状物質健康影響評価検討会報告書, 2013

(21) 野﨑淳夫, 成田泰章, 二科妃里, 一條佑介, 山下祐希：開放型石油暖房器具使用時の室内空気汚染に関する研究, 石油ファンヒーターからのVOC, NO$_x$, NH$_3$の発生, 室内環境, Vol.18, No.1, pp.33-44, 2015.6

(22) 野﨑淳夫, 土屋貴寛, 一條祐介ほか：開放型石油暖房器具使用時の室内濃度変化（その1), 第34回空気清浄とコンタミネーションコントロール研究大会予稿集, 2017.4

(23) 石油ストーブの安全な使い方, 日本ガス石油機器工業会 https：//www.jgka.or.jp/gasusekiyu_riyou/anzen/sekiyu_stove/index.html

(24) 微粒子の健康影響（国立環境研究所) https：//www.nies.go.jp/kanko/kankyogi/22/02-03.html

(25) ナノ粒子応用研究会 https：//www.nanoparticle.jp/abo

(26) 野﨑淳夫, 二科妃里, 一條祐介, 高橋久美子, 成田泰章：開放型石油暖房器具による室内空気汚染について（その1), 空気清浄, 第59号, 第6号, pp.17-21, 2022.3

(27) 石油燃焼機器に関するQ&A：日本ガス石油機器工業会, pp.46-47

3.8 エアコン内のカビ汚染と そのメンテナンス

① 空調機内微生物汚染による人の健康への影響

　日本では，住宅用ルームエアコンの普及率が 90 ％以上に達している[1]。エアコンの冷房運転中では，室内空気中の水蒸気を冷却コイル表面で結露させることによって室内の空気を冷却減湿する（**図-3.8.1**）。なお，その結露水（ドレン水とも呼ぶ）はドレン配管によって屋外に排出される。冷房運転期間中のエアコン内は高湿度環境にある。

　高湿度環境では，細菌や真菌が増殖する。増殖した細菌や真菌が吹出気流に乗って室内に入り，居住者の健康に影響を及ぼすことがある。加湿器または空調機内で増殖した高熱放線菌は過敏性肺炎の原因であることが報告されている[2]。また，グラム陰性細菌の細胞壁成分であるエンドトキシンは人のアレルギー感作に影響を及ぼす可能性あることが知られている[3]。一方，真菌については，日本の過敏性肺臓炎の 70 ％を占める夏型肺炎の病原体であるトリコスポロン（酵母，カビの仲間）がエアコン内でも増殖する[4], [5]。冷房運転期間中においては，エアコン内のカビが増殖し，それがアレルゲンとなり居住者の健康に影響を及ぼす。

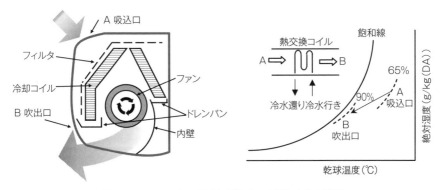

図-3.8.1　エアコンの構成と吸込み・吹出し空気の状態

多くのカビはⅠ型アレルギー（即時型アレルギー）の一因とされており，アルタナリア（ススカビ），ペニシリウム（アオカビ），アスペルギルス（コウジカビ），クラドスポリウム（クロカビ）によるIgE感作は，アレルギー性呼吸器疾患に関係している[6]。

② 空調機内の温湿度特性とカビ汚染の実態

図-3.8.2にルームエアコンと同原理のパッケージ型エアコン冷房運転時の温湿度変動特性を示す。冷房運転時にエアコンの吹出温度（空調機内）が15℃ほど下がり，相対湿度は90％以上に上昇し，高湿度環境にあることがわかる[7]。

空調機内でのカビ汚染実態については，多くの調査結果が報告されている。海外では，空調機のコイル表面から，アルタナリア，アスペルギルス，クリプトストローマ，エクソフィアラが検出されている[8]。クリプトストローマは過敏性

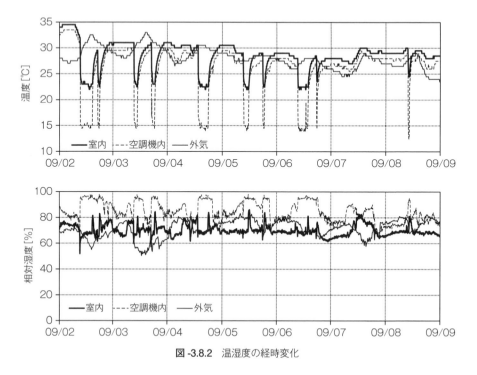

図-3.8.2　温湿度の経時変化

肺炎，エクソフィアラは肺黒色真菌症菌種を含むことが知られている。国内では，住宅のルームエアコンから 629 属の真菌が検出され，その上位 10 位はトキシコクラドスポリウム，フィロバシディウム，ヴィシュニアコザイマ，ミコスファエレラ，アスペルギルス，マラセチア，フザリウム（アカカビ），クラドスポリウム，カワラタケ，コヤクタケであった[9]。空調機内はカビの生育にとって好環境になっている。

❸ 空調機のメンテナンス

　エアコン内カビ汚染対策の一つには，冷房運転後の乾燥モードがある。乾燥モードとは，冷房運転直後に一時的に空調機の冷媒経路にある四方弁により，冷媒の流れ方向を逆にさせ，エアコン内の蒸発器を凝縮器の役割に変えさせ，温風でコイルを乾燥するモードである。乾燥モードは一時的にカビの増殖を抑制する効果があるものの，カビ汚染の根本的な対策にならないことが前述した測定結果からもわかる。エアコン内カビ汚染の対策に最も有効なのはエアコンのクリーニ

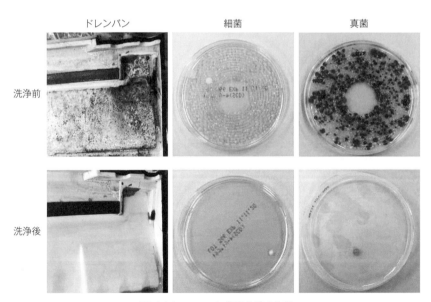

図 -3.8.3　エアコン洗浄前後の比較

図 -3.8.4　エアコン内部洗浄

ングである。

　図 -3.8.3 にエアコン洗浄前と洗浄後のドレンパン，細菌と真菌のコロニーを示す。洗浄効果は一目瞭然である。また，細菌のメチロバクテリウムとシュードモナスが増殖すると，コイルでバイオフィルムを形成することが知られており，洗浄は微生物汚染の除去だけではなく，熱交換効率の向上にも寄与する。

　エアコンの手入れにおいては，居住者が自らできるのはフィルターのクリーニングである。そ塵用フィルターは洗浄，そ塵用フィルターの裏にある中性能フィルタは掃除機によるクリーニングが有効である。一方，エアコン内部にあるコイルやファンなどの洗浄は専門業者に依頼する必要がある。**図 -3.8.4** にエアコン内洗浄の様子を示す。

◎参考文献（3.8）

［1］　経済産業省資源エネルギー庁：エアコンディショナーの現状について，2019.12.18

［2］　Banaszak,E.F., Thiede,W.H., Fink,J.N.：Hypersensitivity pneumonitis due to contamination of an air conditioner. N Engl J Med. 1970, 283, pp.271-276

［3］　Braun-Fahrlander,C. et al.：En-vironmental exposure to endotoxin and its relation to asthma in school-age children. N. Eng. J. Med. 2002, 347, pp.869-877

［4］　安藤正幸 ：夏型過敏性肺炎の研究を顧みて—原因抗原の探究—，日サ会誌 2017，37（1），pp.19-23

［5］　東京都福祉保健局：健康・快適居住環境の指針，指針 NO.9 室内のカビ対策，2017

［6］　WHO Regional Office for Europe. WHO guidelines for indoor air quality：dampness and mould. 2009

［7］　柳宇，鍵直樹，大澤元毅，池田耕一 ：個別方式空調機内におけるカビ増殖特性に関する研究，空気調和・衛生工学会論文集，pp.31-38，2015

［8］ Bakker,A., Siegel,J.A., Mendell,M.J., Prussin,A.J., Marr,L.C., Peccia,J. : Bacterial and fungal ecology on air conditioning cool-ing coils is influenced by climate and building factors. Indoor Air. 2019, 30, pp.326-334

［9］ 渡邉健介，柳宇：ルームエアコン内の付着細菌叢と真菌叢，令和3年度空気調和・衛生工学会大会学術講演論文集，pp.57-60，2021

3.9 寝具の対策

 **小児アレルギー患者宅の環境整備（とくに寝具対策）による
ダニおよびダニアレルゲン対策と患者の症状改善効果について**

　近年のアレルギー性疾患の増加に対して，環境整備によるアレルゲン対策による治療が注目されている。とくに，ダニによるアレルギー性疾患の関与は重要で，その対策は患者の治療への期待は大きいものがある。中でも，寝具類におけるダニ汚染は，患者の発症に大きくかかわっており，その対策は患者の治療にとって効果的な結果をもたらすことが多い。

　しかし，患者宅の環境対策には臨床以外の他分野の専門家が関与する総合的な環境対策のシステム化が不可欠であるが，その対応は遅々として進んでないのが現状である。

　そこで，アレルギー患者の寝具類の対策が患者の症状の改善に効果的であるかどうか検討した。

　この調査は，埼玉県の事業として行われた産・学・官共同のシステムを策定して行った調査結果である。

■調査方法

1. 調査対象

　2016〜2017年の約2年間に北里大学メディカルセンター小児科に小児アレルギー疾患で通院中のダニ IgE 抗体陽性である気管支喘息，アレルギー性鼻炎，アトピー性皮膚炎のある患者16例を対象者とした。

　年齢は介入時に平均7.7歳（5〜12歳），男女比（男：女）は13：3であった。

2. 寝具対策

　環境整備対策として，寝具対策群を以下の4群に分けた。

　A群（4組）：炭入りスノコマット＋新布団

B 群（4 組）：防ダニ布団カバー（高密度繊維）

C 群（4 組）：布団の丸洗い（クリーニング）

D 群（4 組）：寝具専用掃除機で週 1 回除塵

　環境調査は，介入前は 6〜7 月，約 4 か月後は 9〜11 月，約 1 年後は 10〜11 月の時期に行い，採取した室内塵は採取後，早急に検査機関へ輸送して計測を行った。掃除機で採集する塵は，原則として同じ場所の採取に努め，とくに寝具については同様の場所を採取した。

3. ダニおよびダニアレルゲン調査

　室内塵は，寝具，床面，家具，衣類収納関係の 10 か所程度から採取し，ごみ量とダニ数およびダニ抗原量について計測した。介入前，約 4 か月後，約 1 年後で調査を行い，約 4 か月後と約 1 年後に環境改善チェック 30 項目（**表 -3.9.1** チェックリスト参照）について意識変化の調査を行った。

4. 検査対象場所

1) 寝具：敷布団，掛布団，枕等

2) 寝具以外：床面（カーペット，畳等）

　・家具（ソファ，椅子，クッション等）

　・衣類関係（押入れ，クローゼット，タンス等）

5. 役割分担　　産・学・官の連携システム

1) 企画，アンケート調査および啓発活動等

　埼玉県衛生部・埼玉県衛生研究所

2) 患者の生活指導および臨床評価

　北里大学メディカルセンター

3) 検体の採取および環境改善の把握

　埼玉県ペストコントロール協会

4) ダニアレルゲンの検査・解析・評価

　埼玉県衛生研究所

5) ダニ検査・解析・評価および企画協力等

　ペストマネジメントラボ

表 -3.9.1 環境改善評価票

ダニ対策チェック票:点数評価（30点満点）

寝具
1 布団を変える（10年以上の古い布団）
2 布団はこまめに干す
3 防ダニ布団に変える（高密度布団およびカバー）
4 1週間に1度は布団・ベッドに掃除機をかける（天日干し後の掃除機がけは効果的）
5 季節の変わり目（押し入れから出した後），旅行の帰宅後も寝具に掃除機をかける
6 シーツはこまめに洗う
7 タオルケット，毛布，枕など洗える寝具類は定期的に洗う
8 布団を洗いに出す（3年に1度程度）
9 布団打ちを行う（3年～5年に1回）
10 布団乾燥機を使用する

寝室
1 じゅうたんを除去する
2 家具の数を減らす
3 室内の整理・整頓を行う
4 集塵機を使用する
5 余分な衣類を持ち込まない

居間
1 じゅうたんを除去する
2 家具の数を減らす
3 室内の整理・整頓を行う
4 ソファはレザーか合皮の素材にする
5 クッションは極力少なくするか，こまめに洗濯および掃除機がけを行う

衣類の収納
1 クローゼット・押入れを定期的に掃除する
2 不要な衣類は廃棄する
3 衣類は密閉性の高い容器に乾燥剤（除湿剤）とともに保存する

その他
1 窓を開けて換気通気に心がける
2 患者のよくいる部屋はカーッペットは避け，フローリングなどに変える
3 年に3度（梅雨時期前（5・6月），梅雨明け時期（7・8月），および寒くなる前（10月終わりから11月）に大掃除を行う
4 カーベットは裏・表の掃除機掛けを行い，日光干しをこまめに行う。できれば使用を避ける
5 ぬいぐるみは極力少なくし，掃除機がけおよび洗濯を行う
6 ペットは飼わないか，別部屋にする
7 食品類は冷蔵庫に保管するか，湿気の少ない密閉性の容器に保存する

■調査結果

1. 介在前のダニ調査結果（表-3.9.2）

　検出されたダニ類の多くはチリダニで占められ，とくに寝具類からは多数のチリダニが検出されたのに対して，寝具以外の場所ではチリダニのほかササラダニ，ヒゲダニ，ツメダニなどのダニも認められた。

2. 各群のごみ量，ダニ数，ダニアレルゲン量の推移（図-3.9.1）

　介入前と比較すると，寝具対策（介入）後はごみ量，ダニ数，および Der 1 ともに減少し，介入1年後にはさらに減少した。

3. 臨床症状改善と寝具のダニ数およびダニアレルゲン量推移の関係

　今回の調査の結果から，患者家庭における普段の生活での環境改善への意識が高いことが伺われたが，寝具類の対策が実行しづらいことも分かった。

　一方で，患者家庭における環境改善対策（とくに寝具対策）によってダニ数およびDer量の減少が認められ，患者の症状の改善に繋がっていることが分かった。しかし，両者が必ずしも一致しない例も認められた。環境改善に関しては，さらに詳細な検討が必要であると思われた。

表-3.9.2　介入前に検出されたダニの種類

検出ダニ種	全体（n=107）			寝具（n=57）			寝具以外（n=50）		
	計	平均	%	計	平均	%	計	平均	%
チリダニ	11 597.8	214.8	92.8	8 180.6	282.1	94.2	3 417.2	134.0	89.5
コナダニ	15.0	0.3	0.1	4.0	0.1	0.0	11.0	0.4	0.3
ニクダニ	18.0	0.4	0.1	0.0	0.0	0.0	18.0	0.7	0.5
ヒゲダニ	525.2	10.4	4.2	412.0	14.2	4.7	113.2	4.4	3.0
ホコリダニ	62.0	1.1	0.5	16.0	0.6	0.2	46.0	1.8	1.2
ツメダニ	45.6	0.9	0.4	2.0	0.1	0.0	43.6	1.7	1.1
ハダニ	2.0	0.0	0.0	0.0	0.0	0.0	2.0	0.1	0.1
ハリクチダニ	1.0	0.0	0.0	1.0	0.0	0.0	0.0	0.0	0.0
中気門類	77.0	1.4	0.6	60.0	2.1	0.7	17.0	0.7	0.4
ササラダニ類	137.0	2.7	1.1	1.0	0.0	0.0	136	5.3	3.6
その他のダニ類	15.4	0.3	0.1	3.4	0.1	0.0	12.0	0.5	0.3
検出ダニ総数	12 496.0	231.4	100.0	8 680.0	299.3	100.0	3 816.0	149.6	100.0

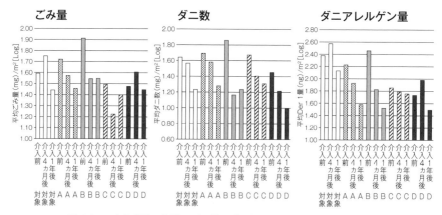

図 -3.9.1　介入前後の各群のごみ量，ダニ数，ダニアレルゲン量の推移

4．環境対策と臨床評価の関係

　介入1年後の患者の臨床症状をみると，全体として，**表 -3.9.3**，**3.9.4** に見られるように，アレルギー患者の家庭における環境整備（寝具類の改善）によるダニおよびダニアレルゲンの回避によって患者の症状の改善または著明な改善が半数以上で認められた。

　とくに，炭入りスノコと新しい布団に換えた A 群では，ダニ数が減少し，臨床症状の改善が高い傾向が示した。また全体的にみると，A 群と B 群で Der 1量の減少傾向が顕著で，症状の改善も C 群と D 群に比べて安定していた。

表 -3.9.3　環境改善介入による1年後の症状改善評価

群別	寝具改善	改善	不改善	計	改善率(%)	改善	不改善	計	改善率(%)
A	炭入りスノコ（＋新布団）	2	1	3	66.7	4	0	4	100.0
B	防ダニカバー（高密度繊維）	2	2	4	50.0	2	2	4	50.0
C	布団丸洗い	1	2	3	33.3	2	2	4	50.0
D	掃除機掛け（週一回）	1	2	3	33.3	2	2	4	50.0
計		6	7	13	46.2	10	6	16	62.5

表-3.9.4　環境改善介入による1年後の症状改善評価

グループ	年齢	性別	喘息	鼻炎	アトピー性皮膚炎	食物アレルギー	IgE	1年後の症状改善	評価
A	10	M	○	○			150 IU/ml	症状なし	顕著に改善
A	12	M		○			350 IU/ml	症状なし	顕著に改善
A	9	M	○	○	○	○	1 800 IU/ml	症状なし	顕著に改善
A	6	M	○		○	○	100 IU/ml	喘息発作なし（半年以上）	顕著に改善
B	8	M	○	○			22 IU/ml	鼻炎持続 喘息発作1回/年	症状持続有り
B	8	M	○				1 500 IU/ml	症状なし	顕著に改善
B	6	M		○	○		1 600 IU/ml	鼻炎、アトピー性皮膚炎持続 喘息発作無し	症状持続有り
B	6	M	○	○	○	○	3 200 IU/ml	アトピー性皮膚炎軽症 喘息小発作2回/年	改善
C	9	M	○	○	○		1 200 IU/ml	症状軽快　アトピー性皮膚炎は変化なし	症状持続有り
C	5	F	○	○	○		370 IU/ml	鼻炎・アトピー性皮膚炎持続　喘息発作1回/年	症状持続有り
C	10	F	○	○	○		200 IU/ml	症状なし	顕著に改善
C	5	M	○	○		○	120 IU/ml	鼻炎軽症　喘息発作無し	改善
D	12	M	○			○	2 300 IU/ml	喘息大発作なし（間欠的に小発作あり）	症状持続有り
D	5	M	○	○			24 IU/ml	症状なし　喘息小発作1回/年	改善
D	4	M	○	○	○		900 1U/ml	アトピー性皮膚炎軽快　喘息中発作あり　鼻炎持続	症状持続有り
D	9	F	○				34 IU/ml	症状なし	顕著に改善

■おわりに

　今回の調査で，患者家庭の住環境への意識を高めることで，ゴミ量やダニ数および Der 1量の減少が高められ，それによって多くの患者の症状改善につながったことは大きな意義をもつといえる。

　しかし，住環境の改善をし続けることは，日々の暮らしの中で家庭が被る労働負担や経済負担が大きいため，より簡便で効果的な環境整備の改善や技術の確立が望まれる。一方で，ダニが増殖しない有効な寝具類などの選定，開発，および

評価方法の確立など，今後さまざまな課題としてあげられる。

　今回の調査を通して，埼玉県の産・学・官の連携システムを活用できたことは，今後のアレルギー疾患の患者に対する組織的な環境改善への一助となったといえる。今後の発展に期待したい。

◎**参考文献（3.9（1））**

[1] Arlian,L.G., Berstein,I.L. and Gallagher,J.S.：The prevalence of house dust mits. Dermatophagoides spp. and associated environmental conditions in homes in Ohio, J. AllergyClin. Immunol. 69, pp.527-532, 1982

[2] 小屋二六，永倉俊和 編：気管支喘息に関わる住居内吸入性アレルゲン，メヂカルレビュ社，東京，1999

[3] Mulla, M.S.,Harkrider, J.R.,Galant, S.p. and Amin,L.：Some house dust control and adundance of Dermatophagoides mites in southern California, J.Med. Entomol. 12, pp.5-9, 1975

[4] 中山秀夫，高岡正敏：ダニが主因アトピー性皮膚炎の治し方合同出版，pp.24-62，東京，1992

[5] 大内忠行，石井明，高岡正敏，椛沢靖弘：小児ぜんそく患者の生活環境のダニ相について，衛生動物，28，pp.377-383，1977

[6] Platts-Mills T.A.E., Sporik R.B., Ward G.W. et al.：Dose-response relationship between asthma and exposure indoor allergens. Prog, Allergy Clin. Immunol. 84, pp.718-725, 1995

[7] 埼玉県アレルギー性疾患調査研究事業：アレルギー患者宅における環境整備によるダニ抑制効果，2019

[8] 高岡正敏：住居内ダニアレルゲン回避法の方法，予防医学事典（分筆出版）84-86，朝倉書房，東京，2005

[9] 高岡正敏：アレルギー性疾患と住環境整備への取り組み，Pest control，Tokyo，No.55，2008

[10] 高岡正敏：お父さんお母さんが知っておきたい　ダニとアレルギーの話，あさ出版，214pp，東京，2021

[11] 館野幸司，高岡正敏（青木淳一 編）：ダニの生物学，東京大学出版会，東京，2001

[12] Voorhorst, R. M.I.A.Spieksma-boezoma and .Th.M.Spieksma：Is a mite（Dermatophagoides sp.）the producer of the house dust allergen?, Allerg.Asthma, 10, pp.329-334, 1964

❷ アレルゲン除去対策としての寝具の丸洗い

　寝具はダニの温床であり，ダニアレルゲンの主要な曝露源である。そのため，アレルゲンに汚染された寝具への対策として，寝具の丸洗いはアレルゲン除去に効果が最もある方法であると考えられる。

　布団は温度，湿度，餌というダニの繁殖に適した条件が整い，ダニの温床になる。寝具のダニとダニアレルゲン汚染減少の手段として，布団への掃除機がけや

丸洗いという方法が提唱されている。布団からのアレルゲン除去法として下記の
3つの方法を比較した[1]。①掃除機を用いて布団の両面を合計3分間吸引した。
②市販の布団たたきで両面を1秒間に1回ずつ5分間布団をたたいた後，同様に
掃除機をかけた。③東京都内の3軒のクリーニング店に，研究目的を告げずに布
団の機械丸洗いを依頼した。掃除機と布団たたきによる除去処置の前後の布団綿
内のダニアレルゲン量を測定した。掃除機だけと掃除機と布団たたきを組み合わ
せた場合のダニアレルゲンの除去率は40％前後であった（**図-3.9.2**）。これらの
方法では，かなりのアレルゲンが布団内に残ることが判った。丸洗いによる布団
からのアレルゲンの除去効率を調べるため，丸洗い前後の布団の綿1g中のアレ
ルゲン量を比較した（**図-3.9.3**）。掃除機法に比べ，クリーニング業者の丸洗い

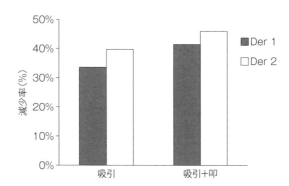

図-3.9.2 掃除機と布団たたきによるダニアレルゲン除去

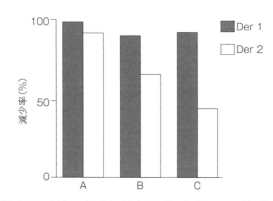

図-3.9.3 クリーニング店での布団丸洗いによるアレルゲン除去

による布団中のダニアレルゲン除去率は Der 1 アレルゲンで 89.4〜98.3 %（平均 92.7 %）と布団からの除去に最も手軽で効果的な方法であった。掃除機法に比べ，丸洗いのほうが布団中のダニアレルゲンをかなり除去できることが判った。

　近年，家庭用大型洗濯機が普及して毛布でも手軽に家庭内で丸洗いが行えるようになった。本研究では，洗濯機による温水洗浄（55℃）とドライクリーニングによる毛布からのダニアレルゲンの除去を比較した [2]。1 年以上使用されていた 6 枚の毛布を用意して，それぞれ半分に切断した。毛布の各半分の 6 つのスポットから毛布の一部を洗浄の前後に収集し，毛布のグラム当たりのダニアレルゲンレベルを測定した。次に毛布からのダニアレルゲン除去において，大型家庭用洗濯機の丸洗いとクリーニング業者によるドライクリーニングを比較した（**図 -3.9.4**）。ダニアレルゲン Der 1 については，洗濯機の丸洗いで 97 %，ドライクリーニングで 69 %の除去率であった。次に Der 2 については洗濯機の丸洗いで 91 %，ドライクリーニングによるアレルゲンの減少は 54 %であった。家庭内での大型洗濯機による丸洗いの方が効果的にダニアレルゲンを除去できることが分かった。55℃での洗濯はダニを殺し，ダニアレルゲンを除去するのに効果的である。大型の洗濯機は自宅において低コストで毛布の定期的な洗濯を容易にすることができる。お湯で毛布を頻繁に洗うことは，ダニアレルギーの患者にとって有益であると思われる。

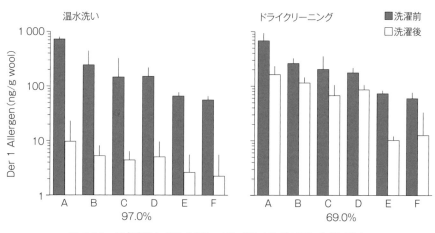

図 -3.9.4　温水洗濯とドライクリーニングによるダニアレルゲン除去

　寝具の洗浄を行える大型洗濯機や乾燥機を設置したコインランドリーが増加している。このような大型の洗濯機や乾燥機を使用することにより，業者に依頼しないでも個人で通常の掛け布団や敷き布団を洗濯することが可能になる。コインランドリーでの洗濯乾燥機を用いた寝具に対するダニアレルゲン除去および殺ダニ効果を検討した。ダニやダニアレルゲンを含む羽毛掛け布団とポリエステル敷き布団をコインランドリーの洗濯機と乾燥機で，洗濯・乾燥を行い，ダニアレルゲン Der f 1 をサンドイッチ ELISA で測定し，ダニの生死は顕微鏡で観察した。陰性対照として洗濯乾燥を実施しない布団を用いた。洗濯乾燥処理後の Der f 1 除去率は，対照に比較し羽毛掛け布団，ポリエステル敷き布団の順に，81.7，88.8 ％であった（**図 -3.9.5**）。ダニ死滅率は羽毛掛け布団，ポリエステル敷き布団の順に，洗濯乾燥処理で 100，89.6 ％，乾燥処理では共に 100 ％であった（**図 -3.9.6**）。コインランドリーによる洗濯乾燥は，布団内部のダニアレルゲン除去とダニ死滅効果があることが示唆された。

　寝具のアレルゲン汚染はダニだけでなく，ネコやイヌのようなペットも寝具に入ってくる場合もある。ネコアレルゲン（Fel d 1）を布団から除去するため，大型家庭洗濯機を用いて評価した[3]。家庭で使用されていた布団を洗う前後に，布団から少量の綿を集め，その綿からネコアレルゲンを抽出した。アレルゲンレ

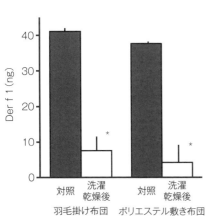

図-3.9.5　丸洗い後の布団におけるダニアレルゲン除去効果

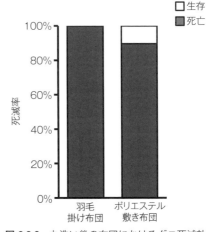

図-3.9.6　丸洗い後の布団におけるダニ死滅効果

ベルをサンドイッチ ELISA により測定すると洗濯後で布団中のネコアレルゲン量を 95 ％以上除くことができた。

　結論として，寝具の丸洗いはダニやネコアレルゲンの除去に効果的な方法であることが分かった。また，掛け・敷き布団のような大きな寝具もコインランドリーのあるような大型機器を用いれば，比較的容易に丸洗いが可能であることが分かった。

◎引用文献（3.9（2））

(1) 阪口雅弘，井上栄，吉沢晋，菅原文子，入江建久，安枝浩，信太隆夫，今井智子：布団内ダニアレルゲンの除去方法の評価，アレルギー40，pp.439-443，1991

(2) Watanabe M, Sakaguchi M, Inouye S, Miyazawa H, Mitsuseki M, Nitta H, Ohtsuka R, Yasueda H.： Removal of mite allergens from blanket：Comparison of dry cleaning and hot water washing, J Allergy Clin Immunol 96, pp.1010-1012, 1995

(3) Hashimoto M, Nigi H, Sakaguchi M, Inouye S, Miyazawa H, Watanabe M, Mitsuseki M, Yasueda H, Nitta H.：Removal of cat major allergen（Fel d I）from futon（Japanese bedding）with a home washing machine, J Vet Med Sci 56, pp.597-598, 1994

3.10 掃除機による床の花粉除去効果

　床材にはフローリング，カーペット，畳などがあるが，とくにマンションではフローリングにおける耐衝撃性による防音作用，また保温性の観点から，カーペットが多く使用されている。しかしカーペットは，他の床材よりも表面形状が複雑であるため，パイルの中に粉塵を取込みやすく，それが蓄積する事により堆積粉塵となる。この堆積粉塵には，花粉を含むアレルゲン物質となるものも含まれ，その対策として適切な清掃など，メンテナンスが重要となる。

　カーペットの歩行時の再飛散に起因する浮遊粒子濃度は，合成樹脂シートと比較し約 15 倍に及ぶといわれている。カーペット堆積粉塵は，清掃後の残留粉塵が蓄積することによるものと考えられ，また再飛散に起因するものであるため，清掃後の残留粉塵量を把握することは，堆積粉塵，再飛散の抑制という観点から重要となる。

　一方で，室内の代表的なアレルゲンである花粉粒子は，粒子の大きさが $30\,\mu\mathrm{m}$ と比較的大きいため，室内に侵入した場合でもすぐに床面に落下していくと考えられる。室内に落下した花粉は，清掃による除去が必要である。フローリングや塩化ビニル系の床面であればフロアワイパーが，カーペットであれば電気掃除機が用いられることが多い。

　筆者らは，床材の中でも表面の構造が複雑であるカーペットの堆積粉塵に対し，室内でのアレルゲンとして花粉粒子を想定し，清掃効果を明らかにする事を目的に，代表的な清掃方法である掃除機の吸引による粉塵残留量の関係を検証した。

　実験では，対象のカーペットに対して花粉粒子に近い粒径の試験粉体を一定量散布し，掃除機により吸引された粉塵量と，吸引後カーペットに残留した粉塵量を実験により定量的に求めた。なおカーペットは 2 種類と，比較のために畳でも実験を行った。

　カーペット I，II における集塵量率平均を吸引回数ごとに表した結果を図 -3.10.1 に，畳の集塵量率の結果を図 -3.10.2 に示す。カーペットの場合，1 回目

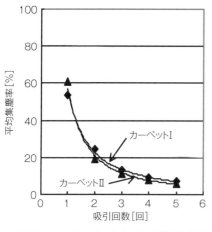

図 -3.10.1 カーペットⅠ, Ⅱの平均集塵量率

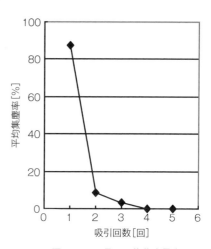

図 -3.10.2 畳の平均集塵量率

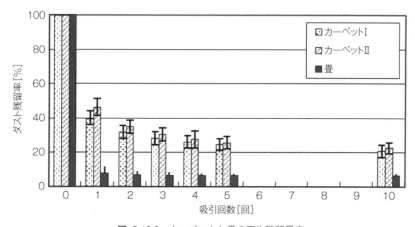

図 -3.10.3 カーペットと畳の平均残留量率

の吸引による集塵量率は約 60 ％, 2 回目は 20 ％, 3 回目では 15 ％となり, 吸引回数が増すごとに集塵量率は減少していく傾向が見られた。

　一方で, 畳の場合は 1 回の吸引で約 90 ％集塵され 3 回目の吸引による集塵量率 96 ％となり, カーペットと比較し高い集塵量率であった。

　カーペットと畳の粉塵残留量率の平均を吸引回数ごとに表した結果を**図 -3.10.3** に示す。カーペットの初期散布量に対する 10 回吸引後の集塵量率は約

80％となり，10回吸引後も2割程度の粉塵が残留する結果となった。このことから掃除機で10回吸引してもカーペットに散布した粉塵の2割程度は残留すると推測された。

　カーペットの集塵量実験を行った結果，掃除機によりカーペットの粉塵を100％除去することは困難であると考えられるため，残留した粉塵の除去には洗浄等の方法が必要であると考えられた。

◎引用文献（3.10）

（1）　山野裕美，小磯勇太，吉澤晋：真空掃除機によるカーペットの掃除効果に関する研究 第1報 捕集機構と粉塵残留量予測，日本建築学会環境系論文集，638，pp.489-494，2009.4

3.11 市販マスクろ材の花粉捕集効果

① スギ花粉の特徴と防護器具

　花粉症は，スギやヒノキなどの花粉によって起こる季節性のアレルギー疾患で，くしゃみ，鼻水，鼻づまりや目のかゆみなどの症状として現れる。スギ花粉は粒径が $30\,\mu m$ ほどの粒子で，表面は細胞壁で覆われており，パピラと呼ばれる突起部を有する。スギ花粉の表面には粒径 $1.0\,\mu m$ 以下のユーピッシュ体と呼ばれる小さな粒子が付着しており，スギ花粉症の原因物質であるアレルゲン Cryj 1 は，このユーピッシュ体と細胞壁に局在している。実際に大気中の粒子を粒径別に調査したところ，Cryj 1 含有粒子の多くは $1.1\,\mu m$ 以下の粒径範囲に存在しているという [1]。

　花粉症予防の基本 [2] は，鼻と目の粘膜に花粉の付着を抑える防御器具を使用することである。例えば，通常のメガネだけでも，目に入る花粉量は半分以下になるとの報告がある。また，マスクの着用も有用といわれ，通常のマスクに湿ったガーゼを挟み込むだけでも効果があるという。花粉症用のマスクではより高い効果が望めるが，注意したいのはマスクと顔の隙間からの花粉の侵入である。

図 -3.11.1　マスク

② マスクの試験方法

　在来より，マスクは花粉症やインフルエンザウイルスの防護製品として広く用いられてきた。現在では新型コロナウイルス感染症対策製品として，利用されている。

表 -3.11.1　マスクの試験規格

国名	機関	試験規格
日本	厚生労働省	国家検定 規格DS2
日本	日本産業標準調査会	JIS T9001（PFE，BFE，VFE，花粉）
米国	米国試験材料協会（ASTM）	ASTM F2101（BFE）
米国	米国試験材料協会（ASTM）	ASTM F2299（PFE）
欧州	欧州標準化委員会（CEN）	EN149 FFP
中国	中国国家標準化管理委員会	GB／T 32610

　マスクの性能を正しく評価するために，各国でマスクの試験規格が定められている（**表-3.11.1**）。日本では米国のASTM規格などを参考に，試験機関・メーカーが独自に試験評価を行ってきたが，2021年6月にJIS T 9001（医療用マスクおよび一般用マスクの性能要件および試験方法）が標準化された。

　JIS T 9001では医療用および一般用のマスクに対する試験方法が定められており，PFE（微小粒子），BFE（バクテリア飛沫），VFE（ウイルス飛沫），花粉の4項目の捕集効率の求め方が規定されたが，いずれも95％以上の捕集効率，60（Pa/cm^2）未満の圧力損失を求めている。

　図 -3.11.2 はマスクの捕集効率を求める試験装置の一例である。本試験装置は，装置操作部，試験ダクト部，粒子発生部，粒子測定部などで構成される。マスク試験においては，多様な粒子での試験評価を行うため，粒子の種類に応じて粒子発生器と粒子測定器を選択する。花粉などの大きな粒子に対しては，重量制御式の粒子発生器を用い，微小粒子に対してはエアロゾル発生器（アトマイザー）を使用している。計測方法も粒子の種類により異なり，大きな粒子には重量法（電子天秤），小さな粒子に対しては計数法（OPC，SMPS）が用いられている。

③ マスク除去性能の実態

　図 -3.11.3 は微小粒子を対象としたPFE試験の一例である。PFE試験では，花粉よりも小さな粒子の除去性能を求めるため，PSLなどの試験粒子（粒径は0.1 μm（または0.3 μm）を用いて捕集率を求める。マスクの材質（不織布，ウレ

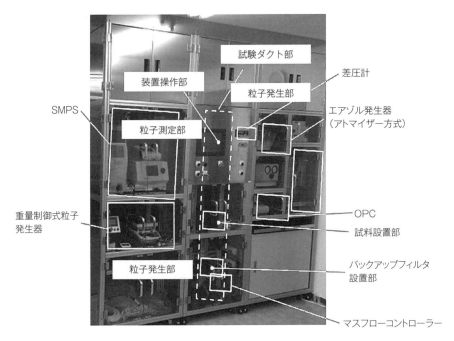

図-3.11.2 マスク試験装置の一例（暮らしの科学研究所）

タン……）や構造（2，3層……）により，捕集率は異なる。

　図-3.11.3 に示すように，マスクE（不織布，3層構造）の粒子捕集率は高く，99％を示した。この試験結果は0.1μmの粒子を除去する能力を示すもので，例えば新型コロナウイルス粒子に対する捕集率と見なしても良い。

　図-3.11.4 は花粉を対象とした試験結果の一例である。花粉試験ではスギ花粉などの粒径に相当する試験粒子（石松子）を用いて捕集率を求める。微粒子の場合と同様に，マスクの材質と構造により，捕集率は異なる。

　図-3.11.4 に示すように，マスクA（不織布，3層構造）は，布やウレタン（1層構造）のマスクF，G，Hよりも，明らかに捕集率が高く，99％を示した。

　微粒子の試験と異なる点は，花粉試験の試験粒子の粒径が約30μmと大きいため，目の粗い布製マスクでもある程度の捕集率を示す点にある。

　上記の試験事例において，呼吸で取り込まれる空気は，すべてマスクを通過することになっている。

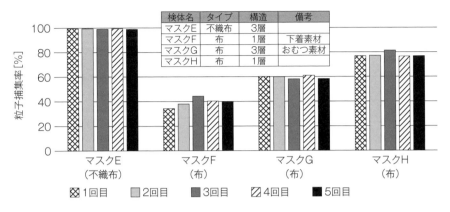

検体名	タイプ	構造	備考
マスクE	不織布	3層	
マスクF	布	1層	下着素材
マスクG	布	3層	おむつ素材
マスクH	布	1層	

図 -3.11.3 各種マスクの微小粒子の捕集性能（PFE 試験）

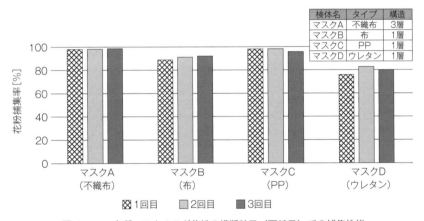

検体名	タイプ	構造
マスクA	不織布	3層
マスクB	布	1層
マスクC	PP	1層
マスクD	ウレタン	1層

図 -3.11.4 各種マスクのスギ花粉の模擬粒子（石松子）での捕集性能

そのため，マスクで微粒子や花粉を防護する際に留意したいことは，顔面とマスクの隙間を小さくすることである。

◎引用文献（3.11）

(1) 仲村慎一，王青躍：都市部大気中におけるスギ花粉とそのアレルゲンの存在形態変化，空気清浄，第50巻，第5号，p.48

(2) 大久保公裕 他：的確な花粉症の治療のために，厚生労働科学研究補助金 免疫アレルギー疾患予防・治療研究事業，日本アレルギー協会，2015.3.1

(3) 野﨑淳夫 他：マスクと空気清浄機による花粉・新型コロナ対策，室内環境学会シンポジウム，

pp.17-19, 2020.12

(4) 野﨑淳夫 他：マスクと空気清浄機による花粉・新型コロナ対策，空気清浄とコンタミネーションコントロール研究大会予稿集，pp.61-62, 2021.4

(5) 野﨑淳夫：エアフィルタ・ろ材，マスク，空気清浄機，換気による新型コロナ感染症対策（研究最前線），クリーンテクノロジー，2021.11

3.12 ダニ対策のための 環境整理チェックリスト

 ダニアレルゲン回避におけるわが国のガイドラインの現状

わが国の喘息予防・管理ガイドライン 2021 によるとアレルゲン回避の評価に関して，喘息発症の危険因子としては「アレルゲン曝露の回避が発症予防に効果がある可能性はあるが，単独の方法によるアレルゲン回避のみの効果は乏しく，複数の方法で回避することが望まれる」とあり，増悪の危険因子としては「喘息治療におけるダニ抗原コントロールの効果には諸説あり，寝具類のカバー，防ダニ剤，掃除機エアフィルターなどの有効性を示す報告があるが，これらの効果については否定的な報告も多い。複数の方法を併用した包括的なダニ抗原回避の有用性が示唆されているが，治療効果の予測が困難であり，複雑な介入方法となるため治療コストや継続性の問題も指摘されている」と記載されており，成人アトピー型喘息にとって環境整備は必ずしも肯定されるものではない。抗原回避に対するこれまでの否定的な見解は高密度繊維のシーツ使用により寝具のダニアレルゲン量は減少しても喘息や鼻炎症状が改善しない報告が多いことによるが，ダニアレルゲンには地域性があり，その国や土地に適した環境整備方法が確立していないことに起因すると考えられる。

一方，GINA ガイドラインは抗原回避について 2015 年までは小児の一部を除いて否定的な見解であったが，2017年以降は成人においても湿度管理と真菌の除去が有効であることが追記された。また NIH ガイドラインは 13 年ぶりに改訂され，ダニや動物，ゴキブリ，真菌なとのアレルゲンによって抗原回避の方法は異なること，対象のアレルゲン感作の種類や程度，アレルギー疾患の重症度も影響するためこれらを加味した上で真の抗原回避の評価を行うように注意喚起をしている。さらにNIHガイドラインでは環境整備は誰が，何をどの頻度で行ったのか，対象の臨床症状，肺機能，血清 IgE などの指標が具体的にどの程度改善したのか，詳細に調査し，抗原回避が有効であるかを検証する必要性を述べた上で，2020

表-3.12.1　環境整備チェックリスト

1	湿気対策	窓を数回開けて換気している		20-1	和式布団	カバーは寝室以外ではずしている	
2		寝室では開放型暖房機器を使用していない		21-1		時々天日干しして，叩いている	
3		押し入れやクローゼットの中に隙間がある		22-1		天日干しした後，寝具に掃除機をかけている	
4		押し入れやクローゼットの中に除湿剤を使用している		20-2	ベッド	マットレスをたてかけて風通しをしている	
5		植物や水槽，洗濯物，加湿器など水分の発生するものはない		21-2		マットレスの裏表に掃除機をかけている	
6	発生源を減らす	高密度繊維でできた布団カバーで寝具をつつんでいる		22-2		ベッドパッドは2～3か月に一度丸洗いしている	
7		床はフローリングである		23	効率よく合理的に掃除する	窓を開放して掃除している	
8		カーペットやジュウタンは使用してない		24		週に1回以上，掃除をしている	
9		布製のソファは置いてない		25		高いところから順番に水拭きをしている	
10		クッションやぬいぐるみは置いてない		26		掃除機をかける前に床の拭き掃除をしている	
11		家具は作りつけである		27		床を化学雑巾やモップなどで乾拭きしている	
12	寝具全般	布団の上げ下げやベッドメイキング時に窓を開放している		28		床の水拭きをしている	
13		月に1～2回，カバーやシーツの洗濯をしている		29		家具や装飾品を移動して掃除している	
14		毛布，タオルケットなどは年に2～3回丸洗いしている		30		寝室の掃除に5分以上かけている	
15		週に1回以上，寝具に直接掃除機をかけている		31		カーテンや壁にも月に2～3回掃除機をかけている	
16		寝具の裏表に掃除機をかけている		32		カーテンは年に2～3回丸洗いしている	
17		収納してあった寝具は丸洗いしてから使用している		評価		はい○：2点	
18		収納してあった寝具は天日干ししてから使用している				いいえ×：0点	
19		収納してあった寝具は掃除機をかけてから使用している				どちらとも言えない△：1点	

注）　20－22 和式布団・ベッドはいずれかを選択，32項目64点満点で評価した。

［出典］　Tsurikisawa N, et al. J. Asthma 2016, 8, pp.843-853

年改訂版では屋内アレルゲン低減対策として複数の環境整備を行い，屋内アレルゲンの低減には複数の方法を用いた環境整備が有効であること，屋内の喘息誘発因子への曝露の低減を推奨することが追記され，喘息管理に対する抗原回避に対する評価は変化している。

　筆者らは成人アトピー型喘息を対象とし，高密度繊維のシーツ使用および環境整備チェックリスト（**表**-3.12.1）を用いて抗原回避指導を行った。このリストは湿気対策，ダニの発生源を減らす，寝具全般の管理，ふとんとベッド別に対策が異なること，効率よく合理的に掃除をするなどの大きな項目にわけ，国内・海外の既報からの情報で32項目に厳選し作成した。この環境整備チェックリストを用いて，筆者らは成人アトピー型喘息を対象として薬物治療を前提とした上で環境整備介入を行った。症例数は少ないが，逆に一例一例詳細に検証した結果，成人アトピー型喘息においても防ダニシーツを使用し，環境整備を実施した症例においては寝具ダニアレルゲン量が減少するだけでなく（**図**-3.12.1），喘息症状が改善し，PEF週内最低値が上昇すること（**図**-3.12.2），またダニアレルゲン量の低下比率とFeNOの低下率が正の相関を示すことを確認した（**図**-3.12.3）。

　われわれが作成した32項目による環境整備チェックリストでは寝具のダニアレルゲン量が減少した項目として，「天日干しした後，寝具に掃除機をかけている」（**表**-3.12.2）が，また寝室のダニアレルゲン量が減少した項目として「週に1回以上，寝具に直接掃除機をかけている」，「掃除機をかける前に床の拭き掃除をしている」（**表**-3.12.3）がそれぞれ単変量解析で有意な項目として抽出された（**表**-3.12.1の15，22-1，26）。また多変量解析では寝具・寝室のダニアレルゲン量低下に対し「高密度繊維でできた布団カバーで寝具をつつんでいる」「床を化学雑巾やモップなどで乾拭きしている」も有意な共通の項目として抽出された（文献［1］より再解析）。他には寝具または寝室のダニアレルゲン量低下に影響する因子として，「窓を数回開けて換気している」「寝室では開放型暖房機器を使用していない」「植物や水槽，洗濯物，加湿器など水分の発生するものはない」「床はフローリングである」「カーペットやジュウタンは使用してない」「布団の上げ下げやベッドメイキング時に窓を開放している」「週に1回以上，掃除をしている」「床の水拭きをしている」「カーテンは年に2〜3回丸洗いしている」などが挙げられる（**表**-3.12.1の網掛け）。以上の結果から，ダニアレルゲン回避の対策とし

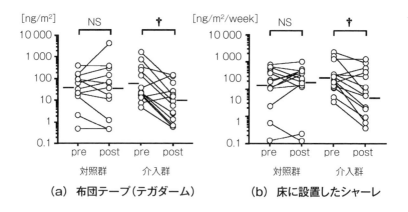

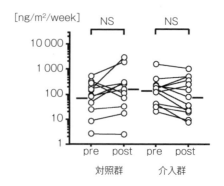

（c） 床から100cmの高さに設置したシャーレ

図 -3.12.1　成人喘息における環境整備前後のダニアレルゲン量の変化

ては湿気対策，発生源の管理，寝具を含めた寝室全体の環境整備を効率よく行うことでダニアレルゲン量を低下させることが可能であり，成人アトピー型喘息においても喘息症状が改善することを検証した。この結果を応用し，東日本大震災後の仮設住宅での環境整備，また東北地方の小児を対象とした環境整備にも応用している（3.6 参照）。さらに厚生労働省との共同作業でパンフレットを作成（図-3.12.4）し，東北地方の市町村に配布した。

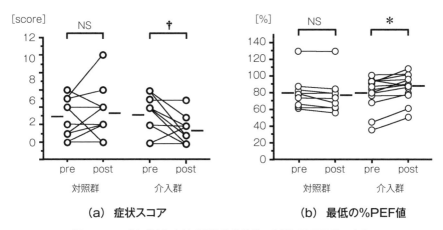

（a）症状スコア　　　　　　　　　　**（b）最低の％PEF値**

図 -3.12.2　成人喘息における環境整備前後の症状と％ PEF 値の変化

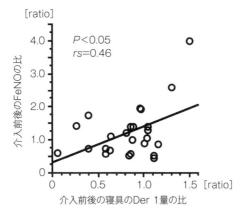

図 -3.12.3　成人喘息における環境整備前後の寝具 Der 1 量の変化と FeNO の変化との相関

表-3.12.2　環境整備介入後に寝具のダニアレルゲン量が減少した要因の単変量解析

	環境整備の方法	減少群pN＝44	増加群 N＝19	P-value
		スコア数 0/1 or 2	スコア数 0/1 or 2	
1	窓を数回開けて換気している	3/41	2/17	0.61
2	寝室では開放型暖房機器を使用していない	10/34	3/16	0.53
3	押し入れやクローゼットの中に隙間がある	6/38	2/17	0.74
4	押し入れやクローゼットの中に除湿剤を使用している	19/25	9/10	0.76
5	植物や水槽，洗濯物，加湿器など水分の発生するものはない	12/32	8/11	0.25
6	高密度繊維でできた布団カバーで寝具をつつんでいる	10/34	3/16	0.53
7	床はフローリングである	26/18	8/11	0.21
8	カーペットやジュウタンは使用してない	13/31	2/17	0.10
9	布製のソファは置いてない	5/39	4/15	0.31
10	クッションやぬいぐるみは置いてない	10/34	5/14	0.76
11	家具は作りつけである	37/7	15/4	0.62
12	布団の上げ下げやベッドメイキング時に窓を開放している	8/36	1/18	0.18
13	月に1～2回，カバーやシーツの洗濯をしている	4/40	2/17	0.86
14	毛布，タオルケットなどは年に2～3回丸洗いしている	8/36	2/17	0.45
15	週に1回以上，寝具に直接掃除機をかけている	19/25	10/9	0.49
16	寝具の裏表に掃除機をかけている	19/25	10/9	0.49
17	収納してあった寝具は丸洗いしてから使用している	27/17	13/6	0.59
18	収納してあった寝具は天日干ししてから使用している	6/38	2/17	0.73

	環境整備の方法	減少群 $pN=44$	増加群 $N=19$	P-value
		スコア数 0/1 or 2	スコア数 0/1 or 2	
19	収納してあった寝具は掃除機をかけてから使用している	21/23	13/6	0.13
20-1	カバーは寝室以外ではずしている	25/14	9/5	0.99
21-1	時々天日干しして，叩いている	25/14	9/5	0.99
22-1	天日干しした後，寝具に掃除機をかけている	12/27	10/4	<0.01*
20-2	マットレスをたてかけて風通しをしている	23/6	5/5	0.08
21-2	マットレスの裏表に掃除機をかけている	16/13	7/3	0.41
22-2	ベッドパッドは2〜3か月に一度丸洗いしている	16/13	5/5	0.78
23	窓を開放して掃除している	2/42	1/18	0.90
24	週に1回以上，掃除をしている	5/39	2/17	0.92
25	高いところから順番に水拭きをしている	22/22	10/9	0.85
26	掃除機をかける前に床の拭き掃除をしている	25/19	11/8	0.94
27	床を化学雑巾やモップなどで乾拭きしている	28/16	8/11	0.11
28	床の水拭きをしている	24/20	10/9	0.89
29	家具や装飾品を移動して掃除している	16/28	8/11	0.67
30	寝室の掃除に5分以上かけている	3/41	2/17	0.62
31	カーテンや壁にも月に2〜3回掃除機をかけている	33/11	15/4	0.74
32	カーテンは年に2〜3回丸洗いしている	17/27	9/10	0.52

注）　スコアの"0"はその項目を実施していない。スコアの"2"はその項目の環境整備を実施している，スコア"1"は時々実施していると定義した。
　　　統計学的検討はカイ二乗検定を用いて解析した。
　　　Chi-squared testing revealed no significant differences between the values in the two groups.
＊　$P < 0.05$を有意差があると定義した。

表-3.12.3 環境整備の介入により寝具Der 1量が減少することに影響する因子の単変量解析

	環境整備の方法	減少群N＝40 スコア数 0/1 or 2	増加群 N＝23 スコア数 0/1 or 2	P-value
1	窓を数回開けて換気している	3/37	2/21	0.87
2	寝室では開放型暖房機器を使用していない	9/31	4/19	0.63
3	押し入れやクローゼットの中に隙間がある	5/35	3/20	0.95
4	押し入れやクローゼットの中に除湿剤を使用している	17/23	11/12	0.68
5	植物や水槽，洗濯物，加湿器など水分の発生するものはない	11/29	9/14	0.34
6	高密度繊維でできた布団カバーで寝具をつつんでいる	8/32	5/18	0.87
7	床はフローリングである	20/20	14/9	0.40
8	カーペットやジュウタンは使用してない	10/30	5/18	0.77
9	布製のソファは置いてない	7/33	2/21	0.34
10	クッションやぬいぐるみは置いてない	10/30	5/18	0.77
11	家具は作りつけである	34/6	18/5	0.50
12	布団の上げ下げやベッドメイキング時に窓を開放している	6/34	3/20	0.83
13	月に1～2回，カバーやシーツの洗濯をしている	5/35	1/22	0.29
14	毛布，タオルケットなどは年に2～3回丸洗いしている	9/31	1/22	0.06
15	週に1回以上，寝具に直接掃除機をかけている	14/26	15/8	0.02*
16	寝具の裏表に掃除機をかけている	16/24	13/10	0.21
17	収納してあった寝具は丸洗いしてから使用している	28/12	12/11	0.16
18	収納してあった寝具は天日干ししてから使用している	6/34	2/21	0.47

	環境整備の方法	減少群pN=40	増加群 N=23	P-value
		スコア数 0/1 or 2	スコア数 0/1 or 2	
19	収納してあった寝具は掃除機をかけてから使用している	29/11	15/8	0.54
20-1	カバーは寝室以外ではずしている	23/11	11/8	0.48
21-1	時々天日干しして，叩いている	23/11	11/8	0.48
22-1	天日干しした後，寝具に掃除機をかけている	13/21	9 /10	0.52
20-2	マットレスをたてかけて風通しをしている	20/7	8/4	0.64
21-2	マットレスの裏表に掃除機をかけている	14/13	9/3	0.18
22-2	ベッドパッドは2～3か月に一度丸洗いしている	14/13	7/5	0.71
23	窓を開放して掃除している	3/37	0/23	0.18
24	週に1回以上，掃除をしている	6/34	1/22	0.20
25	高いところから順番に水拭きをしている	20/20	12/11	0.87
26	掃除機をかける前に床の拭き掃除をしている	19/21	17/6	0.04*
27	床を化学雑巾やモップなどで乾拭きしている	26/14	10/13	0.10
28	床の水拭きをしている	20/20	14/9	0.40
29	家具や装飾品を移動して掃除している	16/24	8/15	0.68
30	寝室の掃除に5分以上かけている	2/38	3/20	0.26
31	カーテンや壁にも月に2～3回掃除機をかけている	29/11	19/4	0.36
32	カーテンは年に2～3回丸洗いしている	15/25	11/12	0.42

注） スコアの"0"はその項目を実施していない。スコアの"2"はその項目の環境整備を実施している、スコア"1"は時々実施していると定義した。
統計学的検討はカイ二乗検定を用いて解析した。
Chi-squared testing revealed no significant differences between the values in the two groups.

* $P < 0.05$を有意差があると定義した。

図-3.12.4 住宅室内でのカビ・ダニ予防ポイント

◎参考文献（3.12）

［1］ Tsurikisawa N, Saito A, Oshikata C, Yasueda H, Akiyama K：Effective allergen avoidance for reducing exposure to house dust mite allergens and improving disease management in adult atopic asthmatics. J. Asthma 2016, 8, pp.843-853

［2］ Tsurikisawa N, Saito A, Oshikata C, Nakazawa T, Yasueda H, Akiyama K：Encasing bedding in covers made of microfine fibers reduces exposure to house mite allergens and improves disease management in adult atopic asthmatics. Allergy Asthma Clin Immunol 2013, 9, pp.44-53

東日本大震災と
ダンプネス

4.1　はじめに

　2011 年 3 月 11 日に発生した東日本大震災は，東北地方を中心に甚大な被害を
もたらした。この大地震により，太平洋側沿岸地域に波高 10 m 以上，最大遡上
高 40.1m にも上る大津波が発生し，とくに，東北地方の太平洋沿岸部は壊滅的な
被害に見舞われた。福島では原子力発電所の事故による放射能汚染が発生し，広
範囲にわたり日常が一瞬にして失われてしまった。これら地震や津波，放射能汚
染によって住居を失った人々の多くは次の住まいを確保するまでの間，応急仮設
住宅での生活を余儀なくされている。このような震災関連住宅における環境的課
題として，例えば，応急仮設住宅の結露やカビ，寒さ・暑さの問題，津波被害住
宅の高含水状態に伴う環境汚染が挙げられ，不適切な室内環境に被災者が曝露さ
れることによるアレルギー疾患の発症が懸念される。

　ここでは，震災後の住環境の変化がアレルギー疾患の発症に及ぼす影響につい
ての調査事例を紹介し，環境アレルギーの防除に向けた知見を提示する。

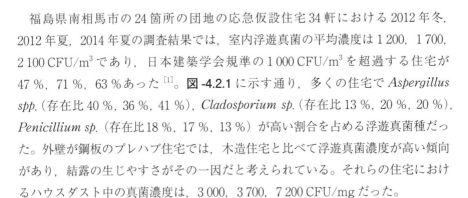

4.2 応急仮設住宅の真菌と温熱環境

福島県南相馬市の 24 箇所の団地の応急仮設住宅 34 軒における 2012 年冬，2012 年夏，2014 年夏の調査結果では，室内浮遊真菌の平均濃度は 1 200，1 700，2 100 CFU/m³ であり，日本建築学会規準の 1 000 CFU/m³ を超過する住宅が 47 %，71 %，63 % あった [1]。**図 -4.2.1** に示す通り，多くの住宅で *Aspergillus spp.* (存在比 40 %，36 %，41 %)，*Cladosporium sp.* (存在比 13 %，20 %，20 %)，*Penicillium sp.* (存在比 18 %，17 %，13 %) が高い割合を占める浮遊真菌種だった。外壁が鋼板のプレハブ住宅では，木造住宅と比べて浮遊真菌濃度が高い傾向があり，結露の生じやすさがその一因だと考えられている。それらの住宅におけるハウスダスト中の真菌濃度は，3 000，3 700，7 200 CFU/mg だった。

福島県南相馬市の 15 箇所の団地の応急仮設住宅 19 軒における温熱環境に関するアンケート調査では，冬には 80 % 以上の住宅で結露が観察され，夏には 90 %

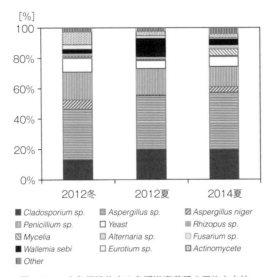

図 -4.2.1 応急仮設住宅の各浮遊真菌種の平均存在比

の住宅で室内の湿度に問題がないと回答していた一方，冬には室内の湿度に問題がないとの回答は 20 ％の住宅でしか見られなかった[2]。

　初期に建設された多くの応急仮設住宅では，壁面や屋根面の断熱が十分でなく，室内での酷い結露が多数報告され，断熱改修された住宅も少なくなかった。後期に建設された応急仮設住宅は，断熱が良好な住宅も多かった。応急仮設住宅の建設時には，断熱に注意を払う必要がある。

　冬場の湿度，結露については，ログハウス型仮設住宅で問題が少なく，温度は鋼板プレハブ型仮設住宅が良好であった。夏場はログハウスタイプの仮設住宅が温度，湿度ともに快適な環境であった。

4.3 応急仮設住宅の室内環境と高齢者の ダニアレルゲン感作[3]−[6]

　大地震や津波などの災害時，とくに水害においては住環境の温度・湿度調節が困難となり真菌が異常増殖する状態になる。一方，気管支喘息の環境要因としてわが国ではダニの関与が大きい。ダニは真菌を貪食して増殖し真菌はダニ虫体に付着して撒布されるという，真菌とダニの増殖には密接な関係がある。2011 年 3 月 11 日東日本大震災が発生し，日本における過去最大の地震とそれに引き続く巨大津波が発生した。津波被害を受けた住民の多くは住宅を失い，避難所や仮設住宅に住むことを余儀なくされた。応急仮設住宅は室内の相対湿度が高く，大規模震災による資材不足等に起因する住環境の影響を受けて真菌が異常に増殖しやすい環境であることが知られている。

　渡辺らは応急仮設住宅の真菌コロニー数（CFU/m²）を調査し，外気，一般住宅，賃貸住宅では真菌コロニー数は季節変動があるのに対し，応急仮設住宅では年間を通じて変動が少なく，外気，一般住宅，賃貸住宅と比較して高値であることを報告した。

　著者らは宮城県石巻市の仮設住宅に在住歴のある 15 歳以上の住民を対象とし，2014 年から 6 年間，呼吸器専門医が診察する集団検診を実施し，喘息の有病率を調査した。また，血清を採取しアラスタット 3g Allergy にてコナヒョウヒダニに対する特異的 IgE 抗体価（Der f-IgE）を測定した。さらに，寝具ダニアレルゲン（Der 1）量を ELISA 法で定量し，環境整備指導を実施し，介入効果を検証した。

　受検者の平均年齢は 2014 年 61.3 ± 15.8 歳であり，6 年間を通じて喘息有病率は 20 ％を超えた。喘息と診断した住民の Der f-IgE 陽性率は仮設住宅入居期間と正の相関を，仮設転出後の期間と負の相関を認めた（**図 -4.3.1**）。2015 年調査までの喘息の発症時期は震災前，避難所，仮設入居後に分かれたが，2016 年以降の調査では，それに加え仮設転出後に喘息を発症する症例を毎年確認した。2019 年調査時の喘息発症時期は震災前 24.1 ％，避難所・仮設入居後 51.7 ％，仮

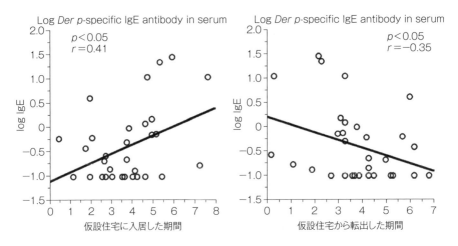

図-4.3.1　ヤケヒョウヒダニ特異的IgE抗体価と仮設住宅入居年数（左）または仮設転出後の年数（右）

設転出後 24.1 ％であった（**図-4.3.2**）。この結果は，仮設入居中に感作が成立し，転出後の抗原曝露により喘息を発症しうることを示している。

その後われわれは希望する住民を対象とし環境整備を行い喘息が改善した住民の寝具 Der 1 量は低下し，Der f-IgE も有意に低下した。

震災による住環境変化により，成人においてもダニアレルゲン感作が成立すること，仮設入居後だけでなく転出後も喘息を発症する可能性があること，環境整備介入により喘息症状は改善し得ることを検証した。

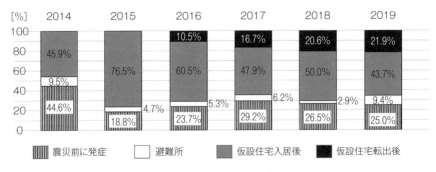

図-4.3.2　調査年度と喘息発症時期

4.4 住環境の変化と 小児アレルギー疾患[7]

　震災後の住環境変化により子どものアトピー性皮膚炎や喘息が増加することが知られている。また災害時の住環境では真菌やダニが増加することは前述した。筆者らは東日本大震災で津波被害が大きかった宮城県石巻市の小学校35校の2年生1109名を対象としてISAAC調査票[8]を用いて，喘息（BA）やアレルギー性鼻炎（AR），アトピー性皮膚炎（AD）の有症率を調査し，9〜10月に寝具表面にテガダーム（医療用テープ）を貼付し，サンプリングを行い，寝具Der 1量はELISA法を用いて定量した。寝具ダニアレルゲン（Der 1）量を測定した。さらに希望する保護者を対象とし環境整備講習会を実施し，環境整備チェックリスト[9]を用いて環境整備指導を行い，超極細繊維フトン・枕カバー（防ダニシーツ）（ミクロガード® ：ヤサカ産業，千葉県）を提供した。環境整備講習会を受

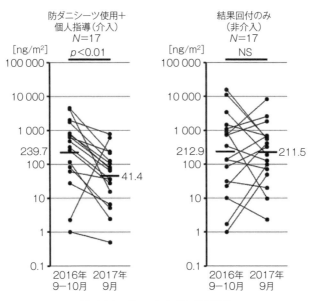

図-4.4.1　ダニアレルゲン量の変化

講し，防ダニシーツを使用した介入群と指導を受けていない環境整備指導非介入
群を対象として，環境整備介入 1 年後と 2 年後の秋の寝具 Der 1 量とアレルギー
疾患の症状変化を解析した。臨床症状の評価は各アレルギー疾患の臨床症状につ
いて 10 段階で評価し，点数表示を行った。

　質問票の回収率は 42.9 ％で，地震経験 450 名（97.2 ％），津波経験 179 名
（37.6 ％），被災状況は全壊・大規模半壊が 182 名（39.4 ％）であった。アレルギー
疾患の有症率は BA：50 名（10.8 ％），AR：179 名（38.9 ％），AD：126 名（27.4 ％）
であった。介入群では介入 1 年後だけでなく，2 年目も寝具 Der 1 量が寝具 Der
1 量は減少したが，非介入群は変化しなかった（**図 -4.4.1**）。介入群の秋のアレル
ギー疾患の症状変化の解析では，児童本人の BA，AR，AD のアレルギー症状
（**図 -4.4.2**）だけでなく，両親や兄弟などのアレルギー症状も有意に改善した。

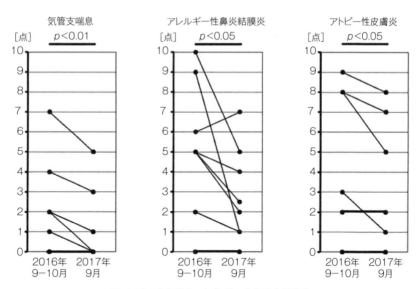

図 -4.4.2　介入後のアレルギー疾患の症状変化

4.5 津波被害住宅の
室内環境の変化[10]

　東日本大震災による津波は大規模な浸水被害をもたらしたが，浸水深さが1m
前後に留まった浸水区域は約3万haに及び，建物の倒壊には至らず床上・床下
浸水を受けた住宅の居住者の多くは，その後も被災した住宅に住み続ける場合が
多かった。そのような住宅では，各部位が過度な水分に曝されたため，その後に
結露やカビの発生などが懸念される。

　宮城県内の浸水区域を対象としたアンケート調査（234世帯に配布，有効回答
数170，回収率72.6％）により，浸水レベルが高くなるほど室内環境上の問題あ
りと回答する割合が増加している。浸水により建物部材が水分を含み，その結果，
結露やカビの発生の原因となっている可能性が高い。また，床下浸水であっても
目に見えない箇所への水分の侵入は，部材の高含水状態を継続させるため，その
後の室内環境の悪化が懸念される。室内環境上の問題として，湿っぽさ・異臭の
知覚，カビの発生が挙げられており，浸水深さが高くなるほど問題への申告割合
が上昇している。

　また，浸水の有無による影響を調整オッズ比により評価すると，浸水被害を受
けた住宅では発災直後，半年後から一年を経ても室内環境に悪影響を及ぼしてい
る可能性が示される（**表-4.5.1**）。とくに，「カビ」の調整オッズ比が半年後8.92（p
< 0.05），1年後4.81（p < 0.01）となり，浸水の影響が継続されていることを確
認した。このような結果を踏まえると，浸水被害住宅に住み続ける場合，浸水直
後から適切な復旧作業を実施することが必要であり，含水した部位が乾燥されな
ければ，その後長期にわたっていわゆるダンプネスの汚染をもたらす可能性が指
摘できる。

表 -4.5.1　津波浸水被害の有無による室内環境の時間変化に対するオッズ比

	浸水前 (*N*=170)	浸水後1週間 (*N*=170)	浸水後1か月 (*N*=170)	浸水後6か月 (*N*=170)	浸水後12か月 (*N*=170)
湿っぽさ	1.35 (0.15-12.6)	28.0 (9.83-79.7)***	14.1 (5.53-36.1)***	6.23 (2.21-17.6)***	1.10 (0.39-3.12)
結露の発生	0.81 (0.31-2.15)	3.04 (1.14-8.11)*	2.12 (0.83-5.44)	3.44 (0.91-13.0)	0.95 (0.39-2.29)
カビの発生	3.12 (0.37-26.4)	6.23 (1.57-24.8)**	7.65 (1.71-34.3)**	8.92 (1.90-41.7)***	4.81 (1.65-14.1)**
害虫の発生	—	1.89 (0.58-6.18)	1.54 (0.62-3.84)	1.51 (0.70-3.24)	1.23 (0.82-1.85)
臭気の知覚	—	7.19 (3.03-17.1)***	5.42 (2.36-12.5)***	2.72 (1.22-6.04)*	1.37 (0.56-3.37)

注）　1．表中の値は調整オッズ比と95%信頼区間を示す。
　　　2．交絡要因：ガラスの枚数，築年数，床下の仕上げ，居室の換気の運転状況
　　　　　p<0.05, **p*<0.01, ***p*<0.001.

4.6 帰宅困難地域の住宅の 微生物汚染[11]

　東日本大震災後，福島第一原子力発電所近傍の放射線量が高い地域に対して，住民の立入りが制限される帰還困難区域が設定された。除染や経時減衰による放射線量の低減に伴い，帰還困難区域の設定が解除される地域が増え，それらの地域において住人の居住が再開されるのにあたり，長期にわたって居住者のいなかった住宅室内のダニ，真菌，エンドトキシンなどについて懸念が示されている。

　福島第一原子力発電所近傍の帰還困難区域内の住宅 24 軒のハウスダスト中のダニは，1.1×10^3 mite/g-dust であり，一般住宅と大きな違いは見られなかった。ダニは，粒径が 63〜180 μm の粒子でもっとも多く検出された（**図 -4.6.1**）。一般の住宅で見られるダニのほとんどがヒョウヒダニであるのに対し，帰還困難区域内の住宅ではヒョウヒダニは 50 ％以下であり，ホコリダニやコナダニやトゲダニやササラダニなどが一定数検出された。また，吸血性のマダニが検出された住宅もあった。

　同じ調査における，帰還困難区域内の住宅のハウスダスト中の真菌は，中央値

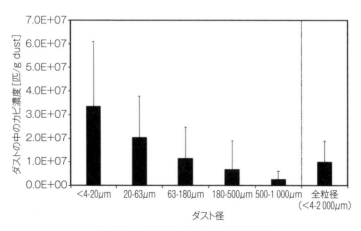

図 -4.6.1 粒径別のダスト中の真菌濃度

が 7.7×10^6 CFU/g-dust であり，一般住宅より一桁高い濃度だった。真菌は小さい粒子ほど多かったが，粒径間で属や種の違いはなかった。粒径が大きいほど真菌濃度が低い傾向がみられた（**図 -4.6.2**）。

　濃度は低いものの，68％の住宅で発がん性のオクラトキシンを産生する可能性のある *Aspergillus ochraceus* が検出された。

　同じ調査における，帰還困難区域内の住宅のハウスダスト中のエンドトキシンは，1.2×10^4 EU/g-dust と一般の住宅よりやや高めの濃度であった。粒径が大きいほどエンドトキシン濃度が高い傾向がみられた（**図 -4.6.3**）。

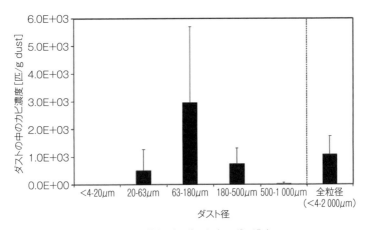

図 -4.6.2　粒径別のダスト中のダニ濃度

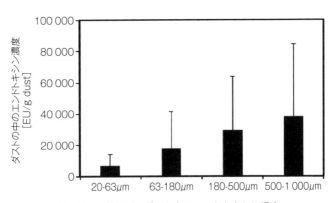

図 -4.6.3　粒径別のダスト中のエンドトキシン濃度

◎参考文献（4章）

[1] Shinohara N., Tokumura M., Yanagi U.. : Building and Environment, 2018, 129 : pp.26-34

[2] Shinohara N. Tokumura M., Kazama M., Yoshino H., Ochiai S., Mizukoshi A. . : Indoor Air 2013, 23, pp.332-341,

[3] Oshikata C, Watanabe M, Ishida M, Kobayashi S, Kubosaki A, Yamazaki A, Konuma R, Hashimoto K, Kobayashi N, Kaneko T, Kamata Y, Yanai M, Tsurikisawa N : Increase in asthma prevalence in adults in temporary housing after the Great East Japan Earthquake. International Journal of Disaster Risk Reduction 2020, 50 : 101696

[4] Oshikata C, Watanabe M, Ishida M, Kobayashi S, Hashimoto K, Kobayashi N, Yamazaki A, Konuma R, Kaneko T, Kamata Y, Kuriyama S, Yanai M, Tsurikisawa N. : Association between temporary housing habitation after the 2011 Japan earthquake and mite allergen sensitization and asthma development 2021, 182 (10), pp.949-961

[5] Oshikata C, Watanabe M, Ishida M, Kobayashi S, Hashimoto K, Kobayashi N, Yamazaki A, Konuma R, Kaneko T, Kamata Y, Kuriyama S, Yanai M, Tsurikisawa N. : Mite allergen avoidance decreased mite-specific IgE levels and ameliorated asthma symptoms in subjects who lived in temporary housing after natural disasters. Allergologia et Immunopathologia (Madr) 2021, 49, pp.171-179

[6] Watanabe M, Konuma R, Kobayashi N, Yamazaki A, Kamata Y, Hasegawa K, Kimura N, Tsurikisawa N, Oshikata C, Sugita-Konishi Y, Takatori K, Yoshino H, Hara-Kudo Y. : Indoor Fungal Contamination in Temporary Housing after the East Japan Great Earthquake Disaster. Int J Environ Res Public Health. 2021, 18 : 3296. doi : 10.3390/ijerph18063296

[7] Oshikata C, Watanabe M, Hashimoto K, Yamazaki A, Kobayashi N, Konuma R, Ishida M, Kobayashi S, Shimada T, Kaneko T, Kamata Y, Kuriyama S, Kure S, Yanai M, Tsurikisawa N. : Mite allergen avoidance decreases allergic symptoms in children in Ishinomaki city after natural disasters. Allergologia et Immunopathologia (Madr) 2022, 50 (2) , pp.23-32

[8] Asher MI, et al. : International Study of Asthma and Allergies in Childhood (ISAAC) : rationale and methods. Eur Respir J 1995, 8, pp.483-491

[9] Tsurikisawa N, Saito A, Oshikata C, Yasueda H, Akiyama K. : Effective allergen avoidance for reducing exposure to house dust mite allergens and improving disease management in adult atopic asthmatics. J. Asthma 2016, 8, pp.843-853

[10] K. Hasegawa, H. Yoshino, U. Yanagi, K. Azuma, H. Osawa, N. Kagi, N. Shinohara, A. Hasegawa. : Indoor environmental problems and health status in water-damaged homes due to tsunami disaster in Japan, Building and Environment, 93, pp.24-34, 2015

[11] Shinohara N., Hashimoto K., Kim H., Yoshida-Ohuchi H. : Fungi, mites/ticks, allergens, and endotoxins in different size fractions of house dust from long-term uninhabited houses and inhabited houses, Building and Environment 2023, 229, 109918

おわりに

　アレルギー疾患をもつ患者さんが増えている。

　その対策として，大きく分けて三つの方向性がある。

　第一に，治療により患者を減らすこと。近年の薬物療法と免疫療法は目覚ましい効果を上げ，これからもますますの進歩が期待される。

　第二に，生活習慣の改善。衛生仮説の検証や，出生前および出生後の食習慣と栄養に関する知見は，なぜアレルギー疾患が増えたのか，重症化するのかということについて，示唆を与えてくれるとともに，患者数減少のための重要な足がかりとなる。

　第三に，環境改善。環境中のアレルゲンによるアレルギー疾患は数多く，誰もがその重要性を感じている。しかし，研究の主体が建築学や物理学，工学，化学，生物学，環境学など，ふつうの臨床医には比較的なじみが薄い分野であることから，その成果がわかりやすい形で臨床現場にフィードバックされることは少なかった。

　そこで本書は，この第三の方向性について，日本臨床環境医学会という学際的メンバーが集う学会の分科会プロジェクトとして企画された（その詳しい経緯については，学会ホームページの「各種アレルゲンに対応した原因と対策の横断的取り組み－日本臨床環境医学会環境アレルギー分科会活動報告書」を参照いただきたい）。

　2018 年の分科会発足以来，最初のうちは東京に集まっていたが，新型コロナ感染症の蔓延に伴い WEB 会議を導入し，より多くの分科会員の参加が可能となり活発な議論がなされるようになった。それぞれの分野の老練なベテラン研究者と未来を担う新進気鋭の若手研究者がデータを持ち寄り対話を重ねることで，どんな環境でアレルギー疾患が増えるのか，また減るのかが，少しずつ明らかになった。環境といっても住生活環境（戸建てや集合住宅），労働環境（工場やオフィスビルなど），医療環境（病院や診療所）などさまざまあり，手始めとして

住生活環境についてまとめることにした。

　お互いの楽しくもエキサイティングな学びの成果のエッセンスを，ここに記し本書のむすびとさせていただきたい。

　アレルギー疾患を予防するのには，以下のことが有用である。

1. アレルゲンを取り除く

　定期的に室内清掃を行い，寝具からもホコリを取り除こう。

　エアコンの清掃も定期的に行おう。

2. アレルゲンを増やさない

　主な室内アレルゲンであるチリダニは，ヒトの皮屑を餌に，暖かく湿度の保たれた環境下で増殖しがちである。

　開放型暖房器具や加湿器による冬期の結露はカビの増殖を促す。

3. アレルゲンを持ち込まない

　主な植物アレルゲンである花粉は室外から侵入する。

　なるべく室内に持ち込まない工夫をしよう。

4. 室内に有害な化学物質を持ち込まない

　ホルムアルデヒドなど有害な化学物質の放散が少ない家具や建材を使おう。

5. 換気をしよう

　換気によって，室内空気の汚れを排出して，新鮮な外気を取り入れよう。常時換気設備を運転し，天候や外気の汚れに留意して窓開け換気や空気清浄機を利用しよう。

6. 食事にも気を配ろう

　大型魚類（マグロやツナなど）や大型哺乳類（牛肉，豚肉など）など脂肪部分にPOPs（ダイオキシン類，有機水銀，有機塩素系殺虫剤，有機フッ素化合物など）が濃縮残留しているものを大量に摂取すると，POPsが皮脂に分泌され，皮膚に常在するマラセチアという真菌に対するアレルギーが惹起され，アトピー性皮膚炎が悪化する可能性がある。

　開封後のミックス粉（お好み焼き粉，ホットケーキミックスなど）にコナヒョウヒダニなどが増殖し，食品を介したダニアレルギーを起こすことがある。

索　　引

住まいのアレルギー対策
——室内環境からのアプローチ

定価はカバーに表示してあります。

2023 年 5 月 25 日　1 版 1 刷　発行　　　　ISBN 978-4-7655-2638-8 C3052

編　　者	日本臨床環境医学会	
	環境アレルギー分科会	
発 行 者	長　　　　滋　彦	
発 行 所	技 報 堂 出 版 株 式 会 社	

日本書籍出版協会会員
自然科学書協会会員
土木・建築書協会会員

〒101-0051　東京都千代田区神田神保町 1-2-5
電　　話　営　　業　(03)(5217)0885
　　　　　編　　集　(03)(5217)0881
　　　　　Ｆ　Ａ　Ｘ　(03)(5217)0886
振替口座　00140-4-10

Printed in Japan

http://gihodobooks.jp/

© The Japanese Society of Clinical Ecology, 2023

装幀　ジンキッズ　　印刷・製本　昭和情報プロセス

落丁・乱丁はお取り替えいたします。